有教养的

孩子更受欢迎

冯晓雪 / 编著

台海出版社

图书在版编目（CIP）数据

有教养的孩子更受欢迎 / 冯晓雪编著 . -- 北京：
台海出版社 , 2024.1

ISBN 978-7-5168-3799-3

Ⅰ . ①有… Ⅱ . ①冯… Ⅲ . ①礼仪—中国—青少年读
物 Ⅳ . ① K892.26-49

中国国家版本馆 CIP 数据核字 (2024) 第 011984 号

有教养的孩子更受欢迎

编　　著：冯晓雪

出 版 人：蔡　旭　　　　　　封面设计：韩海静
责任编辑：徐　玥　　　　　　策划编辑：刘慧滢

出版发行：台海出版社
地　　址：北京市东城区景山东街 20 号　邮政编码：100009
电　　话：010-64041652（发行，邮购）
传　　真：010-84045799（总编室）
网　　址：www.taimeng.org.cn/thcbs/default.htm
E-m ail：thcbs@126.com

经　　销：全国各地新华书店
印　　刷：三河市南阳印刷有限公司
本书如有破损、缺页、装订错误，请与本社联系调换

开　　本：710 毫米 × 1000 毫米　　1/16
字　　数：120 千字　　　　　　　印　　张：10
版　　次：2024 年 1 月第 1 版　　印　　次：2024 年 1 月第 1 次印刷
书　　号：ISBN 978-7-5168-3799-3

定　　价：59.00 元

　　中国有"礼仪之邦"之称，"礼"是中华文明的本质，历代名儒先贤都十分重视礼仪。儒家创始人孔子更是教导我们："非礼勿视，非礼勿听，非礼勿言，非礼勿动。"

　　良好的礼仪能表现出对他人的尊重，是顺利社交的敲门砖。知礼守礼，最能体现一个人的文明和教养，也决定其受欢迎的程度。

　　这是一本亲子共读礼仪学习指南，全书从餐桌礼仪、仪表堂堂、言行得体、孝敬长辈、尊师爱友、来而有往六个方面，生动再现了各种社交场合。通过贴近生活的小故事、形象生动的漫画，以及实用的情景式提升，向孩子传授礼仪知识，培养他们得体言行。

　　使用本书的方法，相信在不久的将来，孩子们都能成长为有教养、有礼貌、受人欢迎的小淑女、小绅士！

目录

第六章　来而有往

第一章

餐桌礼仪

餐桌礼仪，可以用简单的四个字概括——吃有吃相。

"长者先，幼者后"，长辈未动筷，晚辈不能先吃。

正确使用餐具、摆放餐具也是有教养的体现。

食物是大自然最好的馈赠，是他人的劳动成果，不能浪费。

用餐时，身体要坐直，这样既好看，也有利于消化。

"食不言，寝不语"，吃饭的时候，嘴里含食物说话是不礼貌的。

要请长辈先入座——长幼有序

古籍中有大学问

《弟子规》："或饮食，或坐走。长者先，幼者后。"

意思是说，无论饮水吃饭，或是坐卧出行，都应该遵守长辈（年长者）在前，晚辈（年幼者）在后的礼节。

长幼有序，是中国的传统美德，体现在生活的方方面面，在餐桌礼仪上更是如此。在用餐时，长辈落座后，晚辈才能落座。在餐桌上，也应该是长辈先动筷子，晚辈才能动筷子，否则就是不恰当的行为。尤其是人数较多的家族聚餐，只有注重餐桌礼仪，才能顺利进行。

父亲母亲好。

来，入座吧。

礼仪小·剧场

　　小虎是一个调皮的小男孩，平日里总是充满活力，他好动的性格使他经常引发一些麻烦。爷爷溺爱他，即便他犯了错误，也不让父母施加管教，生怕管得太严会束缚孩子的天性，这也导致他成为一个不大懂"规矩"的孩子。

　　这一年，爷爷正好六十岁，小虎爸爸想，老人家操劳了一辈子，就给他风风光光地办一场六十大寿的寿宴吧。在那段时间，他们天天忙着找酒店、订菜品、联系亲戚寄寿帖，还特意找来专业摄影师进行拍摄，就希望给爷爷留下最美好的回忆。

　　寿宴举办的前几天，妈妈将小虎叫到跟前，特意叮嘱说："小虎，爷爷的六十大寿请了好多爷爷奶奶、叔叔阿姨来吃饭，你一定要规规矩矩的，可不能给爷爷丢脸。"

　　小虎露出疑惑的神情，问："妈妈，什么规矩啊？"

　　妈妈严肃地说："最重要的一点就是'长者先，幼者后'，就是什么事情都是长辈先做，晚辈再做。平时没少跟你说，但你总是不听。这次不同，必须遵守！"

　　小虎不耐烦地说道："知道了，知道了！"

　　妈妈又拉住他，说："爷爷平时那么疼你，你喜欢什么玩具，爷爷都给你买，在餐桌上没规矩，爷爷也不舍得管教你。但在寿宴上，爷爷是主人，如果你不懂事，犯了错误，别人不会笑话你，但会笑话你爷爷。你愿意疼爱你的爷爷被人嘲笑吗？"

　　听到妈妈这样说，小虎意识到了问题的严重性，连忙仔细询问要遵守什么规矩，并把这些规矩都记在脑子里。

　　寿宴当天，小虎穿着非常喜庆的小唐装，乖乖地站在爷爷后面，有模有样地配合着爷爷招呼客人，小虎的爸爸妈妈安排客人的座位。待所有人都落座之后，小虎爷爷端起酒杯，小虎也学着端起饮料杯，敬了各位客人。

来参加寿宴的客人里，有几位曾经和小虎一家人吃过饭，都见过小虎早些时日的调皮行为，当他们看到小虎今天的转变时，纷纷夸赞他"长大了""懂事了""有规矩了"。爷爷看到孙子的转变，也乐得合不拢嘴，他觉得小虎的成长是给他的最好的礼物。

这一天之后，小虎突然间长大了，每次吃饭都等长辈们落座之后，自己才坐好；等长辈们都动筷子了，自己才会夹菜。不仅如此，还积极学习各种"规矩"，想让自己成为一个"有规矩"的好孩子。

礼仪小·课堂

　　餐桌上，有很多礼仪需要我们学习。首先，长辈落座之后，晚辈要依次落座，座位排序很有讲究，辈分最高的人坐在正中间，然后辈分次高的人分别坐在正座的左右两边（右边的位置比左边的位置更尊贵一些），然后依次落座，不能乱坐。小孩的座位主要是根据长辈的意思，在举办酒席、宴会时，长辈有时出于照顾小孩的想法，会让小孩坐在靠近自己的位置。

　　夹菜时，长辈先动筷子，晚辈后动筷子。如果长辈先给小辈夹菜，小辈也要懂得回馈，用公筷给各位长辈挨个夹菜，继而再给自己夹菜。盛饭的时候，也要先给长辈盛，再给自己盛，如果是去添饭，也要询问长辈是否需要，不能只顾着自己。

　　生活中，无论是行走还是喝水，都要遵循长幼有序的规矩。比如，出入门口，要先礼让长辈和兄长；喝水时，可以先问一下长辈是否需要；等等。

情景式提升

　　不管你之前是什么样的生活习惯，都可以尝试一下这个小规矩。

　　晚上吃饭时，先给爷爷奶奶，或者爸爸妈妈夹菜；吃水果时，可以先问一下爷爷奶奶，或者爸爸妈妈要不要吃。如果他们也想吃，可以多洗一两个，和家人们一同分享美食。

碗筷使用有讲究——物尽其用，摆放有序

古籍中有大学问

> 《童规》："碗和筷，须洗烫。"

这句话的意思是，在吃饭之前，碗筷需要先用热水烫一下。

不过，之所以用热水烫碗筷，是因为在古代，没有洗涤灵这种能够去油的清洁物品，现如今，碗筷冲洗一下即可。

> 《礼记·曲礼上》："羹之有菜者用梜，其无菜者不用梜"。

这句话的意思是，羹汤中如果有菜，就用筷子吃；如果没有菜，就不用筷子。梜，就是筷子的意思。

> 屠羲英《童子礼》："凡进馔于尊长，先将几案拂拭，然后双手捧食器，置于其上。器具必干洁，肴蔬必序列。"

这句话的意思是，凡是给尊长进献饮食，先擦净桌子，然后双手捧着盛食物的器具放在桌上。器具必须干爽洁净，菜肴必须依序排列。

礼仪小剧场

乐乐是家里的长子，他还有个妹妹，名字叫笑笑。兄妹二人相差三岁，乐乐上小学，笑笑上幼儿园。爸爸妈妈很疼爱他们，他们觉得孩子应该保持纯真的天性。乐乐上学之后，特别喜欢自己的班主任和班集体，回到家后，常常把学校里的所见所闻讲给笑笑听。

每天晚上，一家四口都坐在一起吃饭，这是乐乐和笑笑最开心的时刻，兄妹二人有说有笑，兴奋得手舞足蹈，还常常用筷子敲击盘子打节拍。

有一天，乐乐一反常态，妈妈还在厨房炒菜时，他就开始张罗收拾餐桌，摆放碗筷，一边摆放还一边嘟囔："今天老师讲了：进餐前，要洗手，碗和筷，须洗烫，摆放好，有规矩。"笑笑听不懂，就好奇地问："哥哥，你在说什么啊？"乐乐摆出一副小老师的模样，一边认认真真地把碗、筷子、勺子摆放在合适的位置上，一边说："老师说了，餐桌上的碗筷不能乱放。你看，筷子是有专属的，不能乱放，筷子尖必须对齐冲着里面，平放在碗上。哦，对了，还有勺子，必须放在碗里，勺子把摆在右边，方便使用。"笑笑看见摆放整齐的碗筷后，拍手说道："哥哥好厉害！"

　　吃饭时，笑笑还是像往常一样，高兴时，拿着筷子就手舞足蹈起来。乐乐却一本正经地说："笑笑，我们要遵守餐桌礼仪。"笑笑停止了挥手，问："哥哥，什么是餐桌礼仪啊？"乐乐伸手拿过笑笑手中挥舞的筷子，说道："你看，如果不用筷子了，就要放在碗上，不要把筷子插在碗里，必须平放。"笑笑虽然年纪小，但对哥哥的话心悦诚服，便懂事地说："记住了。"

　　看到这一幕，爸爸妈妈都觉得很神奇，便问："那乐乐知道为什么吗？"乐乐点头说："当然知道！老师说了，筷子插在碗里对餐桌上的人不礼貌。"

　　父母连忙称赞乐乐，并且趁此机会让笑笑向哥哥学习。自此之后，笑笑和乐乐改掉了拿着筷子手舞足蹈的坏习惯。不用筷子后，会将它们整整齐齐地摆放好。

筷子不是玩具，乐乐，我们要遵守餐桌礼仪。

礼仪小·课堂

在品尝美食时，除了带骨头的食物（如鸡腿、羊棒骨）需要戴上手套直接拿取食用之外，其他的必须使用餐具。在我国，进餐时最常使用的餐具便是筷子和汤匙。另外，盛放饭菜的容器，在家里会使用碗，在学校会使用餐盘。正确使用餐具、正确摆放餐具也是良好素质的一种表现。

在吃饭前，需要确定餐具是否干净。吃饭时，需要正确使用餐具。吃完饭，如果在学校需要自己清洗餐具；如果在家，年龄小的孩子可以将餐具摆放好，年龄稍长的孩子可以将餐具拿到厨房。

以下是几条非常重要的忌讳：

切记不要把筷子插在米饭里。

切记不要把汤匙放在餐桌上。

切记不要将公筷、公用汤匙放入自己的碗中。

情景式提升

小朋友们，我们来学习一下如何正确摆放餐具。

当爸爸妈妈叫我们准备吃饭的时候，第一步，要知道用餐的一共有几口人，按照人数拿出各自的专用碗筷和汤匙，如果有客人，需要多拿一双筷子和汤匙；第二步，按照大家所坐的位置一一码放；第三步，调整餐具的摆放位置（筷子需要平放在碗上，汤匙放在碗里，汤匙把朝右）；第四步，如果有客人，公筷和公用汤匙需要单独用小盘子盛放。

怎么样，小朋友们，你们学会了吗？

做个优雅的食客——让饮食散发美感

古籍中有大学问

《童规》："接饭菜，双手端"，"细细嚼，慢慢咽"。

意思是，吃饭的时候，我们应该用双手捧着碗吃，而不是低头够着碗吃，要细嚼慢咽，不能狼吞虎咽。

若将碗放在桌上，低头够着碗吃，姿态未免不雅。小孩子的性格难免会有些急躁，而且平衡性不足，如果不双手端碗，很容易让饭菜洒在桌上，既造成了食物浪费，也弄脏了餐桌。我们要懂得爱惜粮食。如果只将食物当作果腹之物，狼吞虎咽，一方面很容易呛到气管里，造成身体上的损害，另一方面也无法真正品尝

娘做的饭真好吃，一定要细嚼慢咽。

到食物的味道。所以，在吃饭的时候，要细细咀嚼，慢慢吞咽，这也是对大自然的馈赠最好的尊重。

礼仪小剧场

　　小天是个性子比较急的孩子，不管做什么总是急急忙忙的，尤其是在餐桌上，他总是因为着急看电视而吃饭飞快，也不在意自己的形象。他的父母觉得，小天是男孩子，吃饭快、没形象也无所谓，所以上学后，小天依然没有改掉这个坏习惯。但是学校和家里不同，同学们一般在学校食堂，按照班级分组就餐。班主任作为管理人员，经常会过来维持秩序。

　　但没想到的是，上学没几天，小天就遇到了很大的问题，其他同学都不愿意和小天坐在一起吃饭。老师觉得奇怪，小天是个小开心果，和班上的同学关系都很好，怎么其他同学都不愿意跟他坐在一起呢？

　　通过几天的观察，老师发现，原因是小天吃饭的习惯非常不好：总是坐在椅子上抖腿，高兴的时候，还会故意扭来扭去，挨得近的同学总是被他的举动搞得坐立不安；故意吧唧嘴，想用这种方式吸引同学的注意力；如果有同学和他搭话，他就特别高兴，兴奋得手舞足蹈；等他玩够了，会快速进食，让人觉得十分不雅。平时在课间时，同学们还是在一起玩耍，只是大家都不愿意和小天在一起吃饭了。

　　后来，有家长向老师反映，说小天吃饭的时候总是特别闹腾，自家孩子只要挨着他，就很难安安静静地吃饭，希望老师能够提醒他一下。班主任觉得，不能再这样放任小天，必须让他意识到，吃饭就是要安安静静的，要有规矩。如果不加管教，这很有可能导致小天与同学之间产生裂痕。于是，老师找来了小天的父母，给他们看了小天在食堂吃饭时的视频，父母这才意识到，原来小天吃饭的时候是如此没有规矩。

当天晚上，小天的父母把小天叫到身边，把老师发来的视频播放给他看。小天也开始认真思考，终于认识到了自己吃饭时的表现太糟糕了，难怪同学都不愿意和他坐在一起呢。

礼仪小·课堂

无论是在家里，还是在学校，用餐时间都是非常重要的情感交流时刻。在家里，全家人围坐一堂，聊聊这一天发生了什么事情，开心的、不开心的，都可以在此时进行交流。在学校，同学们坐在一处、吃在一处，轻轻松松。所以，餐桌礼仪就显得非常重要。一个人在吃饭时表现得优雅自在，便是有素质的体现，就能够让一同吃饭的家人、同学、朋友感到自在。

或许有同学会问，怎么才能体现出优雅呢？

第一，进食速度要慢，不要显得太急躁。吃饭要细嚼慢咽，等嘴里的食物咽下去之后，再吃下一口。

第二，不要发出奇怪的声响。比如，不要吧唧嘴，也不要发出呼噜的吞咽声，这样会显得粗鲁；在用汤匙盛菜、舀汤时，避免因碰撞发出脆响，这样会显得不礼貌。

第三，端端正正坐好，用双手捧着碗，不要做出奇怪的、太过引人注意的举动，这样会显得很不稳重。

第四，不要用手抹嘴，而要用干净的餐巾或纸巾擦嘴。如果没有找到餐巾或纸巾，可以去洗手间擦拭。

优雅的根本在于得体的表现，在不同的场合有不同的标准，如果实在拿捏不准，可以学习一下林黛玉。她初入贾府时，偷偷观察贾家三个姐妹的举动，再有样学样。

情景式提升

优雅，是一种气质，是言谈举止得体的一种表现。

小朋友们，我们一起复习一下如何优雅地用餐。

入席时，不要用手拉出座椅，避免发出响动。而是要搬动椅子，放在合适的位置，再坐好。

上菜（盛好饭菜）后，可以适当地调整座椅与餐桌的距离，不宜过远（容易使食物洒出来），也不宜过近（会显得局促）。

吃饭时，不要发出奇怪的声响，不论是盛饭盛菜时，还是喝汤和咀嚼东西时，声音都要尽量小，不要影响他人。

饭要一口一口地吃，菜要一点一点地夹，养成细嚼慢咽的习惯，这不仅是优雅的体现，对身体也有好处。

吃过饭后，擦拭嘴唇和手，将眼前的餐具放回原处，并礼貌地表示"我吃好了"。

吃饭时不要交谈——食不言，或少言

古籍中有大学问

《童规》："吃饭时，莫分神，不玩耍，不看书。"

这句话的意思是，吃饭的时候，要专心致志，不能一边玩一边吃，也不能一边看书一边吃。

《论语·乡党》："食不语，寝不言。"

这句话的意思是，吃饭的时候不能交谈，该睡觉的时候不能说话，以免吵到别人。

这里并不是说不能在餐桌上进行交流，而是指嘴里嚼着东西的时候，不能说话，否则很容易使嘴里的食物残渣或口水喷溅

吃完饭再玩，可否？

我还要玩。

吃饭时，不玩耍，"食不语，寝不言"

出来。

除此之外，吃饭时也不宜一心二用，要尽量将注意力集中在食物上，慢慢咀嚼，细细品味，享受食物的美味，这样更有助于消化。

礼仪小·剧场

小红特别喜欢看动画片，但是为了保护她的视力和帮助她更专注地学习，爸爸妈妈告诉她，在吃饭前后才能看一个小时的动画片。因为受到限制，小红特别珍惜这段时间，每天晚上，她会早早地守在餐桌前。与其他孩子不同，别的孩子都是等待开饭，而小红则是在等待看动画片。

小红妈妈平时也会教育她，让她在吃饭的时候，专心吃饭，吃完饭再好好看电视。不要一看到好玩的故事就哈哈大笑，这样对肠胃不好。可是小红根本听不进去，觉得看电视比那些所谓的规矩更重要。

有一天，小红仍然一边看动画片一边吃饭，恰好那天播放的是她喜欢的动画片。尽管她已经看过好几遍了，甚至连台词都会背了，但还是挪不开眼。看到小红这副沉浸其中的样子，小红妈妈连忙提醒她，让她先专心吃饭。妈妈晚饭做了一条红烧鱼，她很担心小红因为看动画片太专心而忽略了细小的鱼刺。

然而，怕什么来什么。恰好在看到精彩之处时，小红兴奋地大声嚷嚷起来，光说还不尽兴，还站起来模仿动画片中人物的经典动作。就是因为这些动作，还没有仔细择刺的鱼肉就滑进了嗓子。

"妈妈，我嗓子里扎了一根鱼刺，好疼啊！"小红连忙把嘴里残留的鱼肉都吐到了垃圾桶里，又尝试着咽了几次口水，觉得嗓子如针扎似的疼。

小红妈妈既气恼又心疼，连忙让小红张开嘴，用手电筒往咽喉处照，

想看看里面什么样。可这怎么能看得清呢？小红觉得嗓子越来越疼，根本就顾不上再看动画片了，呜呜地哭了起来。无奈之下，妈妈只好带着小红来到医院挂了急诊，让医生把扎在她喉咙处的鱼刺取了出来。

回家的路上，妈妈语重心长地对小红说："你看，我一直和你说，让你专心吃饭，嘴里有东西的时候别说话……"

小红也知道今天是自己的问题，忙凑到妈妈跟前，撒娇道："妈妈，我知道错了，以后我一定'食不语，寝不言'。今天我的嗓子可疼了，不要再说我了，好不好？以后您看我的表现还不行吗？"

经过这个小意外之后，小红也吸取了教训。从此之后，每天晚上她都会先专心吃饭，吃完之后，再坐到沙发上看动画片。

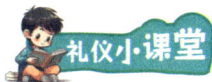

礼仪小课堂

很多人喜欢在吃饭的时候和家人、朋友聊天，但实际上，真正的聊天可不是在嘴里嚼着食物的时候。

试想一下，如果我们满嘴食物的时候和别人聊天，食物是不是很容易从嘴里掉出来？如果我们在吃需要细心（如带着小骨头的鸡翅、鸡架子，有刺的鱼肉）的食物时和别人聊天，会不会像案例中的小红那样被鱼刺扎到呢？所以，嘴里有食物时说话，既不健康，也不礼貌。

有小朋友可能会好奇，如果嘴里有食物，可又有特别着急的事情要说，该怎么办呢？如果嘴里的食物不多，可以先赶紧咽下去再说话。如果嘴里的食物比较多，也不用着急，可以用手稍微遮挡一下，避免食物残渣喷溅出来。

情景式提升

各位小朋友，如果嘴里有食物，除了不要说话之外，你还知道有哪些举动不能做吗？

首先，不能大笑。人在笑的时候，总是会不自觉地大口喘气，食物很容易呛进气管，虽然猛烈咳嗽、打喷嚏能够把食物吐出来，但这个过程还是很难受的。

其次，不能大口喝水。食物在口腔中需要经过充分咀嚼才能咽下去，这样才能帮助胃更好地消化食物。如果食物未充分咀嚼就大口喝水，胃就必须分泌更多的胃酸来将食物分解成更小的颗粒。时间久了，会使胃感到不适。

最后，不能跑跳。吃饭时要安安静静地坐好，这样才能更好地消化食物。如果在进餐时进行跑跳等剧烈活动，可能会导致消化不良等健康问题。

珍惜每一粒粮食——谁知盘中餐，粒粒皆辛苦

古籍中有大学问

《童规》："知营养，不挑食"，"不泼菜，不撒饭"。

意思是说，吃饭的时候，尽量做到不随便把菜肴和米饭撒在桌子上，也不能因为挑食而浪费食物。

《悯农》："锄禾日当午，汗滴禾下土。谁知盘中餐，粒粒皆辛苦。"

这首耳熟能详的诗作，是很多小朋友的启蒙唐诗，描写的是农民在田间挥汗如雨地辛勤劳作的情景，教导我们要珍惜农民的劳动成果和大自然的馈赠。

礼仪小·剧场

圆圆的家里总是摆满了各种水果和零食，可是她却非常挑食。为了保证营养均衡，妈妈会尝试着做各种美食，但如果圆圆不爱吃，就会扔掉。后来，圆圆上学后，发现学校食堂里的饭菜与家里的饭菜相比，确实有一些差别。妈妈经常听她抱怨说，学校里的饭菜特别难吃，有很多自己不爱吃的东西，常常吃不饱。妈妈只好每天给圆圆带很多零食。

每天到吃饭的时候，圆圆打完饭后，总是挑挑拣拣，只吃自己爱吃的饭菜，剩下的饭菜就都扔掉了。由于挑食，圆圆经常在食堂里吃零食。同学们刚开始还会劝她几句，但时间久了，也就都见怪不怪了。

但圆圆在食堂吃零食被日常巡视的班主任注意到了，班主任和圆圆的妈妈沟通过，知道圆圆特别挑食，不是因为身体原因，而是因为个人喜好。她也和圆圆的妈妈提过建议，希望帮圆圆改掉浪费粮食的坏习惯。圆圆的妈妈觉得这不是什么问题，喜欢吃就多吃，不喜欢就扔掉，这不是很正常的事情吗？

2021 年 5 月 22 日，被誉为"杂交水稻之父"的袁隆平去世了。学校安排每个班级在班会上学习袁隆平的事迹。班主任觉得这是教育圆圆的好机会，她把圆圆叫到办公室，安排她做这场班会的主讲人，为同学们讲述袁隆平的事迹。圆圆很重视，在网上查找了很多袁隆平研究杂交水稻的小故事，从中受到了很大的启发。

她从来都不知道，在几十年前，原来大家的生活是那么贫困，粮食是

那么紧缺。原来她的幸福生活是如此来之不易，可她竟然这么不珍惜。

那一次班会，圆圆拿出请妈妈帮忙制作的PPT文件和相关视频，为同学们呈现了一场特别的专题报道，讲述了袁隆平的传奇人生。在课堂的最后，圆圆拿出一张珍惜粮食志愿书，和同学们约定，要珍惜粮食，彻底改掉自己挑食的坏习惯。

礼仪小·课堂

粮食，是大自然对人类的回馈。人们珍惜粮食，是对劳作、对自然最好的尊重。

从家庭层面来说，家里的一切，包括粮食，都是父母花钱买的。他们为了给我们创造更好的生活，需要付出辛勤的努力。"浪费是可耻的"，这句话永不过时。

从更广泛的角度来说，农民伯伯收获的每一粒粮食都汇集了他们的辛苦劳作，尽管现在有很多高科技农具，但人工成本仍然是昂贵的，他们的劳动值得每个人发自内心地尊重。

如果饭菜确实不合自己的口味，我们可以不买、不盛，而不是肆意地扔掉。

情景式提升

我们应该怎么珍惜粮食呢？可能有一些小朋友会理所当然地说，要把碗里的食物吃干净。是的，在吃饭时，碗中不剩饭是最基本的要求，除此之外，还有其他一些要注意的地方。

比如，去餐馆吃饭时，不宜点太多菜，如果有剩菜，可以打包；在学校打饭时，要按照自己平时的饭量打，如果不够，可以再添；吃自助餐时，不能什么都想拿，最后剩一大堆，可以勤拿少取。

你还知道哪些需要注意的地方呢？

不在公盘中翻搅——夹菜莫过盘中线

古籍中有大学问

《童规》："夹饭菜，莫乱翻。"

意思是说，夹菜的时候，不要随便翻找，乱翻会显得非常没有规矩。无论是在家里的餐桌上，还是在外面餐馆吃饭时，都不能随便扒拉。

夹菜不过河

中国美食讲究色香味俱全，虽然学校和家里吃的都是家常菜，不会过于追求"色"（外观），但来回翻搅过的食物会显得凌乱，也会影响同桌人的食欲，因此才会有这种公众认可的餐桌礼仪。

　　小雪和小雨是一对双胞胎姐妹，两姐妹平时都是一起玩一起闹，在餐桌上，她们也不例外。两个人特别喜欢争来争去，一道菜，如果一个人夹了一筷子，另一个人也得赶紧夹一筷子；如果一个人吃了一大块排骨，另一个人也得找出一块自己喜欢的。吃个饭，总是不消停。

　　然而，有时两姐妹也会有点过分，比如吃红烧肉的时候，两个人都喜欢吃肥瘦相间的小方块，为了找到自己喜欢吃的肉块，她们总是用筷子在盘子里翻来翻去，好好的一盘红烧肉，家长还没怎么吃就被她们翻得乱七八糟了。

　　爸爸看到后就会对她们说："你们看准了一块，再下筷子去夹，不能这么翻来翻去的。"

　　小雪和小雨总是有自己的借口："不翻，怎么能知道哪一块好呢？"

　　爸爸想想，不知道怎么说才好，也就不再多管了。

　　到了爷爷六十大寿的时候，全家人在饭店里给老人办寿宴，其中的重头菜就是老爷子最喜欢吃的"毛氏红烧肉"。等到开席之后，小雪和小雨仍然像在家里一样，用公筷在盘子里来回翻找，其他人还没夹，一整盘红烧肉就一片狼藉了。

　　爷爷疼爱孙女，自然不会说什么，但爸爸觉得很丢脸，端着那盘"惨不忍睹"的红烧肉，将两个女儿单独叫出来，问："如果在你们面前摆的是这样一盘红烧肉，你们还愿意吃吗？"

　　小雪撇了撇嘴，有些嫌弃地说："当然不吃，这还怎么吃啊！"

　　爸爸说："是啊，你也知道翻成这样没法吃了，那这是谁翻的？"

　　小雨看到爸爸真的生气了，便说："爸爸，你别生气，我们错了，这盘红烧肉我们俩吃掉。"

妈妈看到两个女儿被爸爸教育，便说："这可是你们说的，这盘红烧肉你们两个自己解决。"说完，便重新点了一份。

在回家的路上，父亲语重心长地给姐妹俩讲起了餐桌礼仪。平时在家里，因为爸爸妈妈非常疼爱女儿，所以不会太过约束她们。但是到了外面，如果还是这么没规矩，别人表面上不会说什么，但心里都会觉得小雪和小雨是不懂事的孩子，没有家教。

自此，小雪和小雨彻底改掉了随便乱翻菜的坏习惯。即便是在家里，也都是看准了想吃的菜再夹。

礼仪小·课堂

中国的餐桌上，除了学校里会有分餐制（用餐盘打饭），无论是亲友聚会，还是家庭聚餐，都是"有饭一起吃"，这就能看出每个人的素质和教养。

一盘菜，家庭中的成员坐在这盘菜的各个方位，每个人都吃自己面前的部分，就相当于把食物均等地分配给所有人，这样既能显示出教养，也更公平。可如果有人打破了这个规矩，胡乱翻菜，吃了别人面前的菜，那对方该怎么做呢？也凑过来吃你这一部分吗？是不是就会造成别人没得吃呢？

从古至今，餐桌礼仪都讲究夹菜不"过河"，说的就是夹菜只能吃自己面前的，不能跨越中线，更不能根据自己的喜好随意翻菜。

情景式提升

现如今，很多孩子都很喜欢吃生日蛋糕，我们就用生日蛋糕来举个例子。

当你拿出一个美味的生日蛋糕时，你应该怎么给家里人分呢？

比如家里有六个人，你用刀具将蛋糕分成了六份，将每一份分给离这份蛋糕最近的人，是不是这样呢？

这时候，如果有人说不行，我不喜欢这块蛋糕，我要看看生日蛋糕的夹心是什么水果，我要吃我喜欢的黄桃夹心。说完，他把每一块蛋糕都翻过来看了一遍，终于找到夹心是黄桃的。可这个时候，其他人的那份还能看吗？还能吃吗？

其实吃饭也是同样的道理。小朋友们，你们理解了吗？

第二章

仪表堂堂

小朋友们，今天我们的课堂主题是仪表堂堂。

我们每天都要面对外面的亲朋好友、师长同学，应该以清爽整洁的形象出现，而不是蓬头垢面、邋里邋遢。

每个年龄段都有属于这个年龄段的美丽，要找到适合的。

假装成熟，假装可爱，都是不对的，人爱美，须自然。

行为举止要得当，不轻浮，要庄重。

小孩子不能哗众取宠，不能胡乱模仿社会上的不良风气，要做正直的好少年。

站如松，坐如钟，要表现出当代少年的精气神。

站着、坐着、走着，都应该有一定之规，而不能吊儿郎当不成体统。

讲卫生，懂礼貌，饭前便后要洗手。

保持身体健康是一切的基础，从小养成良好的卫生习惯是关键。

戴口罩，防病毒，不给它可乘之机。

传染性疾病高发时期，要增强防疫意识，正确佩戴口罩。

穿衣搭配要得体——找到适合自己的美丽

古籍中有大学问

《童规》："人爱美，须自然。不描眉，不涂唇，不戒指，无耳环。"

这句话的意思是，爱美之心人皆有之，但这份美应该是自然的、不做作的。还处在发育期的女孩子们应该不化妆，不佩戴与年龄和身份不符的配饰。

不仅是女孩子，男孩子也同样如此，需要保持属于这个年龄段的自然之美，不穿奇装异服，不染发烫发，不为了标榜自己的独特佩戴夸张的配饰。

每个年龄段都有属于自己的魅力，在青少年时期，更应该保持"天然去雕饰"，这才是青春的魅力。

礼仪小·剧场

小美是一个特别爱美的小姑娘，她走在路上时，总有很多路人跟她友好地打招呼。这让她对自己的容貌感到骄傲。在很小的时候，她就特别喜欢迪士尼动画片里面的蓬蓬公主裙。妈妈也很乐意打扮女儿，就给她买了很多件蓬蓬公主裙。

再长大一点，小美就喜欢上了带点儿哥特风格的洛丽塔裙子。不过，妈妈觉得小女孩并不适合穿这种风格的衣服。

每年的六一儿童节，都是幼儿园举办联谊会的日子，每位小朋友都会盛装参加。小美特别期待这一天的到来，因为她想穿那条她最喜欢的黑色洛丽塔风格的连衣裙。但是妈妈不同意，她更倾向让女儿穿稍微普通点的公主裙。

小美很不高兴地问："妈妈，为什么我不能穿那条黑色的裙子？"

妈妈说："那件衣服的风格太成熟了，不适合你这个年龄穿。"

小美根本就听不进去，甚至开始闹脾气。不过，妈妈并没有训斥小美，而是拿过一本相册，说想和女儿一起看。

小美一页一页地翻过相册，发现这本相册不是记录她的成长，而是记录爸爸妈妈的。小美之前没看过这本相册，尽管小美内心有些抗拒，但好奇心占据了上风。她凑过去，仔细地看起来。突然，她指着一张照片哈哈大笑，问这张照片里的爸爸在干什么啊。

原来，那张照片是小美爸爸在高中时的留影。照片中，小美爸爸穿着紧身牛仔裤和花格子衬衫，头发被染成了蓝色渐变色，看起来像个小混混。当时，他因为奇装异服被老师惩罚，正站在教室门口自我反省。不仅如此，老师还叫来了小美的爷爷。小美爷爷到了学校，看到儿子穿成这样，气得拍下了"罪证"。

接着妈妈趁机问："小美，你是不是觉得穿成这样去学校很不合适？"

"那还用说，多奇怪啊。"

"爸爸的这身衣服和小美的黑色连衣裙一样，不是不好看，但是在那个年龄段可能不适合。你想想看，所有小朋友都穿着蓬蓬裙，只有你打扮得非常成熟，是不是不符合你这个年龄段的形象？这样一来，不仅你的朋友会感觉不习惯，就连老师都会觉得奇怪。"

有了爸爸这个前车之鉴，小美再也不坚持了，终于认同了"在什么年龄段就应该穿什么衣服"这个道理。六一节那天，她穿着粉蓝色的连衣裙，同样很漂亮。

礼仪小·课堂

在进入学校的时候，无论是男同学还是女同学，在着装、发型上都有具体的要求。一般来说，同学们都需要穿着当季校服，不为了追求个性而裁剪校服，要佩戴红领巾，女同学的发型一般要求是齐耳短发，或者梳成马尾，不烫发、不染发，不化妆。男同学的发型一般要求是长短不一的寸头，不染发，不佩戴配饰。也许有人会觉得学校的要求过于烦琐，实际上，这是为了保持青少年的自然美而专门设置的。

在平时不去学校的时候，虽然不需要穿校服，但是也要注意一些问题。女孩子不应穿过于暴露的衣服，不应该穿过于成熟的衣服，不特意佩戴过于贵重的饰品；男孩子不应穿过于紧身的皮裤，同样不应佩戴过于贵重的饰品。

年轻人的美丽是由内而外的，过于注重外表，只会表现出自己的浮夸。

情景式提升

近年来，随着汉服的流行，很多家长都会因为喜欢而给孩子购买一些复古风格的汉服。这些衣服并不是说不符合年龄的特点，只是需要注意场合。在平时去学校上学的时候并不适合穿汉服，一方面是因为汉服不方便活动，另一方面是因为过于突出。

如果是出席比较特殊的场合，比如跟随父母参加他人的婚礼、长辈的寿宴，女生可以穿着稍微正式一点的连衣裙，男生可以穿着稍微正式点的休闲裤、网球衫。

好了，既然你们已经了解了在各种场合应该穿着什么样的衣服，也知道什么衣服不适合这个年龄段，那就打开衣柜，仔细挑选一下吧，将不适合自己的衣服交给父母，请他们处理。

言谈举止要庄重——一言一行透露着教养

古籍中有大学问

《童规》："与人言，不装腔，遇欢庆，不张狂。"

这句话的意思是，在言谈举止中，不要装腔作势，遇到值得庆祝的事情，也不要过于张扬。

小孩子总喜欢用夸张的言谈举止来吸引别人的注意，这是正常的表现。但当孩子进入公共场合之后，不分场合地大喊大叫或随意打闹，不仅会有安全隐患，还会给周围人带来烦恼。

　　即便是小孩子，也应该有自己的行为规范，一言一行要能彰显出素质和教养。比如，不在公共场合喧哗，不横冲直撞，待人接物要有礼貌，等等。

礼仪小剧场

　　贝贝是个情绪不大稳定的小孩，用大人的话说就是有点"人来疯"，只要家里来人了，总是表现得特别兴奋，如果要是再和客人出去吃饭，那就更了不得了。有一次，贝贝妈妈的同事来家里做客，贝贝妈妈十分了解自己的孩子，就提前和贝贝约定，不能在客人面前大喊大叫，也不能有太夸张的举止，以免客人感到尴尬。

　　刚开始，贝贝还记得妈妈的叮嘱，妈妈的同事来了之后，他很礼貌地说"阿姨好"。结果没过多久，贝贝就开始眉飞色舞地给妈妈的同事讲起自己在学校里的"辉煌战绩"：在全校师生都在操场上做早操时，自己用力过猛把裤子撑破了；得了进步奖，在同学面前假装自己中了状元……都是些小孩子不分场合的举动，虽说是童言无忌，同事听着也觉得忍俊不禁，但贝贝妈妈羞得恨不得地上能有条裂缝钻进去。

　　到了餐桌上，贝贝更是表现出"人来疯"的一面，非说自己是主人，要给客人，也就是妈妈的同事布菜，一会儿跑去找服务员要公筷，一会儿跑到阿姨身边问"吃好了吗"，一会儿又特别大声地说"不够再要"。毕竟这是在公共场合，贝贝的举动引起了其他桌客人的好奇，纷纷朝这边看来。刚才还不停夸赞贝贝可爱的同事也觉得有点尴尬了。刚吃完饭，原本还说要和贝贝母子一起逛商场的同事，立刻找了个理由离开了。

　　回到家里，妈妈十分生气，觉得贝贝这么夸张的行事作风必须得好好管一管了，就学着贝贝的样子，先是用特别夸张的语气说起了贝贝在学校里的糗事，听得贝贝直说"别说了，还不够丢脸的呢"。晚上吃饭时，妈妈也学着贝贝的样子，一会儿问"好吃吗"，一会儿又特别大声地说："这是妈妈用爱做的饭啊，多香啊，你可得多吃啊！"又过了一会儿，妈妈又拿来电饭锅，不停地询问："够不够，要不要再添点儿？……"搞得贝贝也开始嫌弃妈妈"烦人"了。

　　直到这时，妈妈才对贝贝说："这些都是妈妈在模仿你在妈妈同事面前的表现啊，是不是也觉得不舒服呢？"贝贝不好意思地点点头。妈妈接着说："妈妈知道，你是想要向阿姨表达你很高兴她来家里做客，但什么事情都不能太过，太热情了也不好，会让人觉得你太浮夸，不真诚，还会让别人觉得不舒服，太尴尬了。懂了吗？"

礼仪小·课堂

　　小孩子总喜欢用夸张的言谈举止来吸引别人的注意，如模仿大人做出一些举动。比如在吃年夜饭时，大人们喜欢用碰杯来表示庆贺，小孩子自然会有样学样。如果是一家人同时举杯，说上一句"新年好"，这是一幅非常温馨的画面。如果小孩子举杯，向长辈敬茶或饮料，第一次，大人会觉得可爱，有意思，但如果频频举杯，大人反而会产生不适感，觉得这种举动不应该是小孩子做的。

　　所以，小孩在行为养成的过程中，需要家长进行一定程度的干预：小孩子可以适当地玩闹，可以适当地夸张，但总得有个度，尤其是在公共场合，太过浮夸只会让别人产生不适感，无论是言语，还是行为，都是如此。

情景式提升

　　回想一下自己进入公共场合之后，是否有以下行为：过分大声地说笑，特别夸张地模仿大人的行为，特别炫耀自己的成绩，不合时宜地强调自己，等等。其实，分辨这些行为的标准很简单，想一想：把自己的行为放在朋友身上，自己看到或听到后，是否会觉得不舒服？如果觉得不舒服，那么这种做法就不可取了。这下，你明白了吗？

坐姿端正教养好——坐如钟才能显示出教养

古籍中有大学问

《童规》："坐如钟，挺腰板，腿并排，脚平放。"

这句话的意思是，小孩子在入座之后，要坐得像钟一样端庄、沉稳，要挺直腰板和胸部，双腿自然弯曲，大腿与上身保持直角，脚要放平。

清代凤韶在《凤氏经说·四牡》中说："古者之坐皆跪。安坐，坐而著于蹠也。危坐，坐而直其身也。"

在古代，特别是秦汉时期，很多人的坐，类似于现在的跪坐，当时还没有凳子，因此直接坐在脚后跟上，保持上半身直立。延伸到现在来说，良好的坐姿就是要保持上半身直立，不前倾，也不来回摇晃。好的坐姿可以帮助小孩子保持良好的体态，也能够保护青少年的脊椎发育，这需要引起大家的重视。

礼仪小剧场

林林最近总觉得自己后背疼，尤其是一做弯腰直背的动作就觉得不舒服。爸爸妈妈生怕他得什么大病，赶紧带着他去了医院。

检查结果一出来，连大夫都吃惊了，原来是林林的脊柱长歪了，所以才会出现后背疼、做动作困难的症状。但是什么原因造成脊柱长歪的呢？

林林从小就有个坏习惯，坐没坐样，经常歪着靠在沙发靠背上，就连上课的时候，他都是拧着坐。上幼儿园的时候，老师曾经纠正过他的坐姿，但小林林根本不听，有老师盯着，他就坐端正一点，老师不盯着，他就像是瘫在椅子上一样。用他的话来说，坐直了，累啊。

上了小学之后，尤其是一二年级之后，老师的关注点基本上也都不会放在纠正学生的坐姿上了。林林就像是没了约束一样，在学校里，他总是把重心放在某一侧，然后用胳膊肘当支点，就算是要转来转去，也都是拧着转。老师虽然不怎么纠正学生的坐姿，但在开家长会的时候，也会和他的家长提一下，不要让孩子跟拧麻花似的坐着，那样不利于脊柱的发育。

可是，林林的父母平日里非常忙，每天下班回到家，林林都已经快要休息了。照顾林林饮食起居的是他的外婆和一个保姆，外婆对林林更多的是溺爱而不是管教，保姆就更不用说了。每天回到家，林林都是直接瘫在沙发上，作业常常不在书桌子上写，而是在低矮的茶几上趴着写。

在最关键的黄金发育期里，林林一直都没能保持一个良好的坐姿，最终，导致他的脊柱长歪了。矫正是非常痛苦的一件事，尽管医院给他制定了治疗方案，家长也买了辅助矫正的背夹和绑带，但已经养成了错误坐姿的林林，想要改正，就要花费大量的时间和精力。

刚开始，林林很不适应，但当他听到医生说的"如果不纠正，不光会落下病根，还会影响身高"后，才乖乖接受矫正，但其难受程度可想而知。

礼仪小·课堂

在青少年的成长过程中，好的坐姿尤为重要，因为他们每天至少有1/3的时间都是坐在教室里的。不管是听课还是做作业，如果能够保持一个良好的坐姿，对培养良好的体态，保障身体良好发育都有重要作用。

好的坐姿的第一要素是坐直身体，上半身不能过于前倾，重心应落在臀部中线，不应偏移，否则会受力不均，容易导致脊柱侧弯。在写作业时，头应该和桌面保持一定的距离，这样做可以保护视力。下半身也应该放松，不要跷二郎腿，这不仅容易造成膝盖损伤，看起来也显得吊儿郎当，不够庄重。

一个好的坐姿在最初形成的时候，会感到有点累，这是正常现象，但养成习惯之后，就成为自然了。

情景式提升

每次老师说"请坐"之后，班级里的学生呈现出不同的坐姿。有些可能不太标准，想要知道自己的坐姿是否标准，可以参考解放军的坐姿，并且在镜子前进行比较。作为青少年，我们不需要像解放军一样，要求每个角度都完美，但可以通过对比找到自己的不足之处。那么，今天晚上回到家，不妨就来试一试吧。找一张解放军的坐姿照片，在镜子面前观察自己的坐姿，哪里有不足，就非常明显了。

站立行走有讲究——做一棵挺拔的小白杨

古籍中有大学问

《童规》："行如风，步履轻，头不摇，身不晃。"

《弟子规》："步从容，立端正……勿践阈，勿跛倚。"

这两句话的意思非常类似，是说站立的时候姿势应该端正，不要将重

心偏向某一侧，肩膀要端平。行走的时候，上半身尽量保持不动，不能摇头晃脑，也不能晃肩膀；步伐应该适中，不垫脚，保持平稳。

《礼记》："足容重"，"立容德"。

意思是，站立和行走都要展现自身良好的品德和素养。

古代有品德的人在站立行走的时候，是非常讲究身段气质的，所以才会有那句"行得端，坐得正"，在影视作品中，小混混走路永远都是摇头晃肩，正是因为他们缺乏良好的修养和优雅的气质。

礼仪小剧场

小帅从小就特别喜欢看阅兵仪式，特别喜欢三军仪仗队，每次看到他们踢着正步走过天安门广场时的模样就敬佩不已。他不仅观看，还经常模仿他们的样子，学着踢正步。刚开始他的手脚协调性不好，但随着不断练习，他的步伐越来越有模有样。小帅的爸爸看到儿子对这方面很感兴趣，就开始有意识地培养他。

首先从形体训练开始。第一步，是传授形体训练的秘诀，就是《中国功夫》里的那句歌词："卧似一张弓，站似一棵松，不动不摇坐如钟，走路一阵风。"第二步，是靠着墙练习站姿，为此，小帅的爸爸还特意搜索了军姿的标准。第三步，是走路。爸爸告诉小帅，别以为只有婴儿才需要学习走路，想要像解放军一样，就得不断练习。走路的时候不能踮脚，不能晃肩膀，尽量保持上半身的平稳。小帅牢牢记住这几个要点，走起路来特别帅气。

这原本只是父子二人的一个小训练，却给小帅带来了很大的影响，虽然他没有进行过系统的形体训练，但是站在人群里，总是显得特别挺拔，

并且平时站立行走都会很有意识地保持挺拔身姿。所以，当小帅进入青春期之后，身形变得更加挺拔，身高也比骨龄测试的结果高出了几厘米，这就是小帅从小就保持正确站立行走姿势的结果。

在学校里，身形挺拔的小帅站在同学中显得格外帅气，尤其是在军训中，很多教官都对小帅的身形称赞有加。反之，有的男孩子因为小时候没有接受过正确的身形训练，养成了很多不良的习惯，比如走路时会不自觉地晃肩，站立时会习惯性地含胸驼背，这些不良习惯让他们显得不够自信。这种差距在集体站队的时候特别明显，小帅就成了队伍中的焦点。

在小帅考上大学后，他就参加了入伍选拔，让很多男生都头疼的体测，小帅轻轻松松就通过了，顺利拿到了入伍通知书，成为一名光荣的中国人民解放军战士。

礼仪小·课堂

可能很多小朋友都觉得，这些要求太过严格，毕竟自己平时站立、行走，不能都按照解放军的要求来做，时间久了，肯定很累。

其实，我们在放松的时候，只是不将全身的肌肉绷紧，但站立、行走姿势的基本要求并不发生太大变化。我们可以在脑海中想象，自己的脊柱就是支撑一个人站立、行走的骨架，放松下来，这根主骨架不能松懈，其他地方稍微放松即可。

　　一个良好的身形是需要长时间锻炼的，可能刚开始会有些不习惯，但时间久了，肌肉会形成记忆，这些动作就会变成下意识的反应。站立、行走和坐姿之所以会被他人视为有素质的表现，就是因为这些行为习惯需要经年累月的培养，有这些良好的行为习惯，自然也会注重其他方面的培养和教育。

情景式提升

　　小朋友们，如果想要锻炼出良好的站姿，不妨每天抽出十分钟做一个小游戏。

　　第一步，光脚站立在墙边，让自己的后脑、后背、臀部、后脚跟都贴在墙上。就这样站十分钟，感受一下这么站立时肌肉是怎样的状态。

　　第二步，戴上一顶鸭舌帽，头顶一本书，看看走几步这本书会不会掉下来。每天练习一两次，时间久了，你会发现头顶书走的步数会越来越多。

　　第三步，找到适合自己的步伐距离。其实很简单，找一根软尺，量一下自己的肩宽，肩宽就是适合自己的步伐距离。

卫生礼仪要牢记——注意卫生，才能有健康

古籍中有大学问

《童规》："鞋与袜，常洗晒，内衣裤，要勤换……入厕后，要洗手。"

这句话告诉我们，要讲究个人卫生，如水果蔬菜要洗干净之后再吃，饭前便后要记得洗手。还有要勤洗澡，保持身体清洁。在户外玩耍时，如果弄脏了衣服和鞋袜，要及时更换和清洗。

元朝朱震亨《丹溪心法》："与其救疗于有疾之后，不若摄养于无疾之先。"

这句话的意思就是，我们要预防疾病，而不是等得病了之后再去想如何治病，要防患于未然。养成良好的卫生习惯，是保持健康的前提和基础。

礼仪小剧场

曾经有这样一首儿歌："小邋遢，真呀真邋遢，邋遢大王就是他，人人叫他小邋遢……没人喜欢他。忽然有一天，小邋遢变了，邋遢大王他不邋遢，大家喜欢他……"或许很多小孩子都不理解"邋遢"是什么意思，其实用四个字就能概括——不讲卫生。

小明平时是个不注重卫生的小男孩，他不喜欢洗头洗澡，在外面玩的时候总是把自己弄得脏兮兮的，回到家里，还没洗手就冲进房里，拿起桌上的零食就吃，水果不洗就往嘴里放……

妈妈看到后总是训斥他，让他先去洗手再吃东西。小明总有自己的理由，说"不干不净，吃了没病"。妈妈让他出门别总是在泥里滚，挺干净的衣服总是弄得脏兮兮的。小明又会说"爱玩是孩子的天性"。总之，妈妈说什么，他都强词夺理。

就这样，小明到了上学的年龄，仍然改不掉不讲卫生的坏习惯。平时上学的时候还好，学校里有老师看管，一直也没出什么大问题。有一次，学校组织去郊外春游，小明玩得特别尽兴，但回到家之后，就开始上吐下泻，高烧不退。妈妈很着急，连忙带他去医院。医生说，是急性肠炎，感染了一些病菌。

经过医生的治疗，症状已经减轻了许多，妈妈就开始问他，春游那天到底都干什么了，怎么会感染病菌呢。小明开始回忆，刚开始的时候就是和同学们一起看风景，然后就是吃午饭，下午是学校安排的小游戏。妈妈一听，觉得很平常啊，就跑到学校去询问其他同学。通过其他同学的描述，这才找到原因。

原来，小明平时就有饭前不洗手的坏习惯，这次春游，他好奇地摸摸这朵花，玩玩那里的草，还有很多野生的小蘑菇，他也是捏来捏去。中午

吃饭之前，其他同学都排队去洗手，小明没洗手，直接去吃饭了。因为是春游，不像在学校食堂会用餐具吃饭，而是用手拿着汉堡、饼干、水果等食物吃。医生说过，小明感染的病菌就是长在野生蘑菇上的。这样一来，妈妈终于明白了小明生病的原因。

在这之后，妈妈要坚决纠正小明的卫生习惯，让他学会饭前便后洗手。经过一场病，小明再也不说"不干不净，吃了没病"了。

礼仪小课堂

讲卫生，是一个非常抽象的概念，涉及生活中的方方面面。比如，漱口洗脸；更换衣物（不是每天都要穿新衣服，只要确保衣物整洁即可）；

喝水前确保水杯干净；饭前便后洗手；吃饭的时候不要乱丢垃圾，将餐盘主动放到回收区；吃水果时要先洗干净；和朋友分享食物不共用餐具；回家之后先洗手；睡觉前要洗头、洗澡，注意身体散发的体味；勤剪指甲，确保手指清洁。

我们每天都以整洁的形象出现在同学和朋友面前，共同用餐时注意卫生，不共用餐具，就能够给人以清爽的形象并给人带来愉悦感。要记得，没有人会喜欢邋遢的孩子。

情景式提升

想要知道自己的形象是否整洁，只需要将自己从头观察到脚。比如，头发是不是特别长而没有收拾？头发是否出油严重、有异味？脸庞是不是干净？口腔是否有异味？身上是否有异味？身上的衣服是否干净、合身？如果是白色的衣服，上面是否有没洗干净的污渍？裤腿是否整齐？如果过长可以挽起来，或者重新缝边。鞋子是不是干净……

除此之外，就是行为方面。回想一下，自己饭前便后有没有洗手？和同学一起吃饭的时候有没有用自己的筷子去夹同学碗里的饭菜？同学的水杯你是否拿起来就喝？自己吃过的食物有没有无意中给朋友吃？有没有及时收拾脚下的垃圾……

好了，根据上述的行为和标准，比对一下，如果你做的都是正确的，那么，恭喜你，你是一个讲卫生、懂礼貌的好孩子；如果没有，那就要多注意了。

咳嗽喷嚏要掩面——杜绝细菌的传播链

古籍中有大学问

《童规》："有痰液，不乱吐。"

意思很简单，就是不随地吐痰。

在古代，有很多动作都被视为"需遮掩"的，比如喝茶、漱口、打喷嚏、咳嗽等。不过，古人在做遮掩时，他们的衣袖比较宽大，男子通常使

用宽大的衣袖进行遮掩，女子会随身携带一块手帕。

到了现代，衣服一般都会以合体为主，除了复古的汉服之外，不会有宽袍大袖，很多人也不会随身携带手帕，而是用更加方便的餐巾纸。如果想要打喷嚏、咳嗽的时候，身边没有餐巾纸，可以直接用手挡住。当然了，还是餐巾纸更加卫生一些。

礼仪小剧场

鹏鹏从小就体格健硕，是个壮实的小男孩。因为身体素质好，他很少生病，为此，他很是自豪。学校的生理卫生课上，老师教导同学们在咳嗽或打喷嚏的时候，一定要用手捂住口鼻，这样能够防止飞沫传播。鹏鹏对此毫不在意，他认为自己的身体这么好，不会患上流感的。

鹏鹏有个好伙伴飞飞，两个人家住对门，平时总是在一起玩耍。不过，飞飞的体质没有鹏鹏好，经常生病。一生病，至少需要在家里休养一个礼拜。

有一年冬天，流感肆虐，班上很多小朋友都中招了。最开始，鹏鹏以为自己身体素质好，不会感冒。结果，那一年的感冒病毒特别厉害，鹏鹏也患上了流感。妈妈让他戴上口罩，他嫌弃戴口罩喘不上来气，坚决不戴，妈妈让他在咳嗽或打喷嚏的时候，用手捂着点，别传染给别人，鹏鹏却说来不及。

听说鹏鹏病了，飞飞连忙来探望。被迫在家里养病的鹏鹏特别开心，两个小伙伴聊了好长时间。鹏鹏的身体素质好，三五天就痊愈了。可是等他再去找飞飞玩的时候，飞飞的妈妈告诉他，就在去看望鹏鹏之后的第二天，飞飞也生病了，到现在还没好呢，过几天再一起玩吧。

听说飞飞病了，鹏鹏这才想起来，他们在一起聊天的时候，自己打过

好几个喷嚏，可能就是这样在无意间把病毒传染给了好朋友。听鹏鹏说了这件事之后，妈妈就趁机教育他："打喷嚏、咳嗽的时候，应该捂住嘴。生病了，就应该戴口罩。你看，把小伙伴给传染了吧。"鹏鹏这下终于记住了。

等飞飞病好了之后，鹏鹏还跑过去给飞飞道歉。飞飞根本没放在心上，两个小伙伴又能一起出门玩耍了。

2020 年暴发了疫情，很多人都养成了出门戴口罩、进门先洗手的好习惯。鹏鹏和飞飞虽然不能见面，但两个人在视频电话里还不忘提醒对方，一定要做好防护、戴好口罩。鹏鹏妈妈看到儿子现在这么懂事，欣慰地笑了。

礼仪小·课堂

经过了一场长达三年的疫情之后，人们对通过空气传播的传染性疾病格外警惕。尽管疫情目前已经结束，但我们也不能掉以轻心。要知道，还有很多季节性的传染疾病，比如流感、肺炎等。在咳嗽、打喷嚏时，我们应该注意遮住口鼻，以防止飞沫传播。如果我们确认自己得了流感等疾病，一定要戴好口罩，切勿随地吐痰，防止病毒扩散。

除了要注意防止传染病的传播之外，还有一些行为也需要遮挡，比如大笑（大笑时往往会喷溅出口水）、擤鼻涕等。这既是卫生要求，也是礼仪要求。有些动作（剔牙、挖鼻孔等）会显得不够雅观，如果直接在众人面前暴露这些行为，会显得很不礼貌，所以在不方便或不愿意去洗手间进行处理的情况下，可以用纸巾遮挡一下，尽快处理完毕即可。这样可以减轻他人的不适感。同时，要正确地处理纸巾，避免传播病菌。

情景式提升

　　掩面咳嗽、打喷嚏，不随地吐痰的初衷不仅仅是为了礼仪，更是为了防止病毒和病菌传播。为了更好地维护身体健康，正确佩戴口罩已经成为一种"新型礼仪"和日常习惯。特别是对于青少年来说，每天都在学校等相对密闭、人数较多的空间中生活，更需要注意保护自己。

　　如果自己生病了，也应该注意保护他人。生病的时候，打喷嚏、咳嗽的次数会明显增加，很容易发生来不及拿纸巾掩面的情况，这时，戴上口罩就成了最好的防护手段。一般来说，普通的医用口罩就能够满足需求了。佩戴时，要采取正确的方式，将鼻子处的密封条封死。每隔一段时间后，要及时更换，确保口罩的有效性。

第 三 章

言行得体

一言一行，皆是礼数，不要让不良行为破坏我们的操守。

中文博大精深，敬语本身就是尊重他人的表现，学会使用敬语，是有素质的表现。

脏话并不是"成熟""厉害"的代名词，而是"素质低""没教养"的代名词。

公共场合要安静，不跑跳，不打闹，不喧哗，素质高。

爱护地球，人人有责，垃圾分类，点滴做起。

乘坐公共交通，要排队上车，遇到需要帮助的人，主动让座。

活学活用说敬语——尊敬要让别人知道

古籍中有大学问

《弟子规》："称尊长，勿呼名。对尊长，勿见能。"

意思就是，晚辈称呼长辈时，不可以直接叫长辈的姓名，而是要尊重对方，使用敬语。在尊长面前，要表现得谦逊有礼，即便是自己有了成就也不可炫耀。

言重了，快请进。

初到贵宝地，特来老人家府邸拜会，叨扰了。

当面对长辈时，需要称呼"您"；询问对方时，要问"贵庚""贵恙"；去师长家做客时，需要说"拜会"；看师长的文章时，要用"拜读"。即便是面对自己的同龄人、同一阶层的人，一般也要用"劳驾""麻烦""请"等词语。

使用敬语就是要放低自己的姿态，让对方感到被尊重、被重视。

礼仪小剧场

小艾的妈妈常常教导她，在称呼长辈时要用"您"，在称呼兄弟姐妹和同学朋友时用"你"。然而，小艾根本没往心里去，她觉得不就是个称呼嘛，叫什么都一样。所以，在平日里，不管对谁，她都是用"你"来称呼。因为都是家里人，都很宠爱她，尤其是爷爷奶奶、外公外婆，他们从来不会在称呼上计较。

在小艾上小学那一年，爷爷特意请了很多朋友来家里吃饭，其中有一位老爷爷，是爷爷的长辈，岁数很大了。在餐桌上，听着小艾总是用"你"称呼爷爷奶奶，就有点不高兴了。老爷爷说："哎呀，这个小妮子，怎么能对长辈'你'来'你'去的呢？这样很没规矩啊。"

小艾看出老爷爷不高兴了，忙撒娇道："太爷爷，我觉得没什么啊，都一样啦。"

老爷爷严肃地说："这怎么能一样呢？在你心里，是不是很尊敬爷爷奶奶啊？"

小艾肯定地说："那当然了！爷爷奶奶特别疼我，我怎么可能不尊敬他们。"

老爷爷点点头说："对啊，那你就应该把他们放在心上啊。"说着，老爷爷用手指蘸了点茶水，在桌子上分别写下"你"和"您"两个字，

"看出这两个字的区别了吗?"

小艾回答:"多了'心'字。"

"对,'您'字就是把长辈放在心上,明白了吗?这就叫敬语,以后改一改吧。"

小艾连忙点头。

这只是餐桌上的一个小插曲,大家都没放在心上。宴会结束之后,小艾就缠着妈妈问,敬语是什么。妈妈告诉她,敬语就是表示尊敬、礼貌的一些词语,像老爷爷讲的"您"和"你"的区别,就属于其中一种。其他的还有很多,比如,想获得别人的帮助,需要说"请""劳驾";做了错误的事情,应该向人道歉,要说"对不起";接受别人的帮助和馈赠后,要向人道谢,说"谢谢"。

小艾把这些都记在了心里,并在今后的学习和生活中格外注意这一点。

礼仪小·课堂

我们尊重一个人,不能只藏在心里,而是要通过言谈举止表现出来。如果不表现出来,对方如何知道我们的态度呢?语言是最直接的,敬语就是其中的代表。

一些人会觉得,这些所谓的敬语是假客套,会让原本亲密的人关系变得疏远，但实际上，每个人都渴望被他人尊重，包括小孩子。

使用敬语也是有技巧的。在非常正式的场合，如寿宴、婚礼等，尤其是很多人参与时，对待长辈一定要使用敬语。如果是在家里吃饭、交谈时，可以适当减少使用频率。如果年纪比较小，可能对很多敬语都不熟悉，分不清"令尊""令堂"的区别，那就简化一下，统称为"您的××"。这样既能防止滥用敬语造成的尴尬，又能表达自己的尊敬。

情景式提升

下面，我们来了解一下生活中最常见的敬语，然后看看你能记住几个。

令：令堂——称对方的母亲；令尊——称对方的父亲；令爱——称对方的女儿；令郎——称对方的儿子。

高：高就——指人离开原来的职位就任较高的职位；高寿——用于问老人的年纪；高见——多用于称对方的见解；高堂——指父母；高足——称呼别人的学生。

贵：贵庚——询问对方的年龄；贵姓——询问对方的姓氏；贵恙——询问对方的病情。

除了对对方使用的敬语之外，还有一些用于自谦的表达也可以被视为敬语的范畴。比如"鄙人"、"拙见"（自己的意见）等。如果要向外人介绍自己的家人，可以使用"家父"、"家慈"（母亲）、"家兄"等词语。

你记住了吗？

脏话一点都不酷——语言有自己的规律

古籍中有大学问

《弟子规》："首孝悌，次谨信。"

这句话意思是，首先要讲孝悌，其次就是要谨言慎行，讲信用。

《童规》："与人语，要和气。"

意思是要注意和别人讲话时应该和和气气的，而不是恶语相向。

现如今，很多成年人在说话时都习惯性地带着脏字，这种言谈举止给青少年带来了极大的负面影响。很多小孩子也模仿着大人说脏话，尽管他们可能并不了解这些脏话的含义，只是觉得说起来很过瘾，甚至是把它们当成了口头禅。但是这种行为是极其错误的。脏话，是骂人的话，不管对谁说，都是对他人的不尊重。

礼仪小·剧场

　　小波从小就喜欢看电影，还经常学电影里的台词。不过，电影里有好的方面，也有不好的方面。其中，一些电影中的角色可能会说脏话，小波也有样学样。小波的妈妈听了之后，让他别总是说脏话，小波却不仅不以为然，还觉得这样很酷。

　　后来，因为父母工作调动，小波转学了。初到一个新的环境里，小波还是按照原来的习惯，平时说话一点都不注意，脏话连篇。过了好多天，小波觉得这个班级的同学都很不爱跟自己说话，以前自己总能在短时间内就能和周围的人打成一片，怎么到新的环境里就不行了呢？

　　又过了几天，小波发现，同学们不是不爱说话，他们之间都聊得挺好的，难道是因为自己是新来的，大家不熟悉？于是，他主动和同桌、前后桌的同学交流了一下，虽然不能算熟悉，但好歹有人跟他说话了。

　　有一次，上体育课，一个男生跑步的时候摔倒了，膝盖被擦破了，流了很多血。小波连忙跑过去，背着同学就去了医务室，让校医给同学止血包扎。因为这件事，这位同学特别感谢小波，两个人很快就熟络起来。

　　就在小波又说脏话的时候，同学不解地问："小波，你为什么总是说脏话呢？"

　　小波有点不解："我看电影里大家都说啊。"

　　"可那是电影里啊。"同学接着说，"你知道你刚转学过来的时候，大家为什么不敢和你说话吗？就是因为你脏话连篇，大家还以为你是不良少年呢。"

　　小波露出吃惊的表情，他以为大家不和自己多交流是因为欺生或不爱说话，原来是因为自己说脏话。

　　"其实，咱们班的同学都是很友善的，第一天中午吃饭，你就一边说

脏话，一边抱怨食堂的饭菜不好吃。后来几天你还是满嘴脏话，他们自然就对你远而避之了。"

小波这才知道，原来说脏话会给他人留下不好的印象，便下定决心改掉说脏话的坏习惯。

礼仪小·课堂

有的青少年受到社会上不良风气的影响，或者为了吸引他人的目光，会选择穿奇装异服，说一些不雅的话，不但不以为耻，反而觉得自己有个性。

换个角度来看，假如把这种行为放在父亲或其他长辈身上，那么，你觉得是一个满嘴脏话的长辈值得我们尊重，还是一个文质彬彬的长辈值得我们尊重？是一个粗俗无礼的长辈值得我们尊重，还是一个温文尔雅的长辈值得我们尊重？

很多习惯都是从小养成的，很多孩子会认为长大后自然就会改掉不好的习惯，可我们身边那些满嘴脏话的成年人为什么改不掉这些坏习惯呢？

谁都想要成长为更优秀的人。放眼社会，真正优秀的人不会满嘴脏话，也不会哗众取宠，那就让我们朝着自己希望成为的模样努力吧。

情景式提升

很多人无法区分脏话和语气助词，甚至认为已经说习惯了的脏话只是一个口头语、语气助词，表示"吃惊、厉害"等意思，认为这不伤大雅。其实，我们可以将脏话替换为更恰当的词语。

用"我的天啊！""这么神奇吗？""真的吗？"，既能表达吃惊，还能辅以手势，更准确地展示出我们的反应和动作。

用"你太棒了！""你真厉害！"，既表达了友善，也表达了对对方的认可。

用"我生气了！""真让人气愤！""我的火气已经到这里了！"，这种语句同样能表达生气，而且更加直接。

中文中有很多近义词可以代替脏话来表达情绪，而不应该采用降低自己的素质和为人标准的脏话来表达情绪。你说对吗？

公共场合小音量——不做噪声大喇叭

古籍中有大学问

《韩诗外传》: "慎于言者不哗,慎于行者不伐。"

这句话的意思是,说话谨慎的人不会随意喧哗,行为谨慎的人不会自我吹嘘。

在古代,人们对说话音量是有一定标准的,既不能大声喧哗,也不能声若蚊蝇。大声喧哗会被视为极其无礼的行为,一般大声说话就是发生了

纷争。反之，声若蚊蝇也是不合适的，容易让他人听不清，给人以胆小怯懦的印象。

礼仪小剧场

玲玲是个精力充沛的小姑娘，但有一点"人来疯"。因为年纪小，不懂得如何控制自己的情绪，所以她常常会通过大笑、大叫、哭泣来表达自己的喜怒哀乐。每次玲玲大笑的时候，妈妈就会跟着她一起笑，觉得这是孩子乐观的表现；而玲玲大叫或哭泣的时候，妈妈也并不制止，而是听之任之。

玲玲的小姨曾经尝试过劝导，但玲玲的妈妈却认为，如果孩子一哭就去安抚，一叫就去制止，会耗费太多精力。再说了，只要不理她，她自己慢慢就平静下来了，不需要过多干涉，等孩子长大点，自然就懂事了。因此，玲玲的坏习惯一直没有得到纠正。

有一次，玲玲和妈妈、小姨一起出去吃饭。服务员把菜单递给了玲玲的妈妈，玲玲看见后就大喊大叫着要自己看菜单。小姨想要制止她，但妈妈直接就把菜单递给了玲玲。但是玲玲认识的字不多，只能对着那些图片乱指。乱指完以后，玲玲果然不再乱叫了，妈妈就把菜单拿了回来，叫来服务员点菜，当然了，玲玲指的是哪些，妈妈根本没放在心上。

菜上齐了，玲玲发现最开始看到的几道菜都没上，又开始乱喊。这一次，坐在周围的其他客人表现出了不耐烦的情绪，并且希望玲玲的妈妈能够管教一下自己的女儿。妈妈对其他客人表示了歉意，并且解释说孩子闹够了自然就会停止。小姨见此情景，连忙从包里拿出了巧克力，用来安抚玲玲。

吃饭的时候，小姨开始教育玲玲："饭馆、公园、图书馆等地方都是

公共场所，如果你正在吃饭，旁边有一个比你还小的孩子在大喊大叫，你是什么心情呢？"玲玲想了想，说："会觉得很吵。"小姨又说："那你会不会喜欢大声吵闹的小孩呢？你会和他做朋友吗？"玲玲果断地摇了摇头。

小姨听到玲玲这么说，便和玲玲约定：如果在饭馆里玲玲没有大声喊叫，出门就奖励她一块巧克力；如果玲玲喊叫了，接下来的一周时间里就不让她吃零食了。果然，玲玲做到了，每次想要喊叫的时候，就会用手捂住自己的嘴，生怕太大声。

礼仪小·课堂

公共场所，就是指公众经常聚集、活动和通行的特定场所。公共场所是大家的，而不是某个人的，所以在公共场所中，需要遵守公共秩序，其中一条就是"禁止大声喧哗"。比如图书馆、博物馆、电影院等地方，还会张贴出"禁止喧哗"的标语。

一般来说，这种标语主要针对的就是未成年人和极个别没有素质的成年人。未成年人自制力比较差，情绪波动比较大，声调比较高，声音比较尖锐，如果说话分贝过高，很容易成为他人无法忍受的噪声。

近年来，因为儿童在高铁里不停地高声喧哗所引发的争吵比比皆是，很多人对这种吵闹感到非常焦躁，无法忍受，一些身体不好的人甚至会血压飙升。在公共场合不大声喧哗，既是有素质的体现，也是关爱他人健康的体现。

情景式提升

在公共场所中，儿童和青少年最容易出现的不礼貌行为，你还知道有哪些吗？是否有效避免了呢？

和不大声喧哗同样需要引起我们注意的，就是不横冲直撞。在公共场所，人很多，乱跑的时候很容易撞到别人，如果撞到的是身强体壮的成年人，说一句"对不起"就没事了，但如果撞到的是小朋友或老年人，很有可能会给对方带来身体上的损伤。另外，公共场所人多地方大，乱跑很容易跑丢。如果我们找不到父母，不仅父母会担惊受怕，还会给工作人员和警察叔叔带来麻烦。

除了这两点之外，还有不做危险动作，如进入陌生水域游泳，没有安全保护措施登高，等等。进入公共场所前，一定要了解并遵守相关注意事项，让自己成为人见人爱的好孩子吧！

不打搅左邻右舍——制造矛盾不可取

古籍中有大学问

明代儒者姚舜牧《药言》："睦族之次，即在睦邻。"

意思是说，除了要与亲戚和睦相处之外，也要和邻居和睦相处。

元代戏曲作家秦简夫《东堂老》："远亲不如近邻。"

谢谢李奶奶。

孩子，过来，我这刚煮好的玉米，你拿一根吃。

这句话的意思更明显：居住很远的亲戚还不如离自己很近的邻居，邻里之间能够互相帮忙。

在过去，邻里之间都是非常熟悉的，尤其是在物质资源不够丰富的时候，邻里之间经常是相互帮助才能度过困难时期。这种感情十分珍贵，因为它不因为物质而变质，但同样也很脆弱，因为它没有血缘关系做纽带。所以古人对待邻居十分看重，不会随便制造邻里矛盾。对待小孩子，家长也会百般叮嘱，让他们彼此和睦相处。

礼仪小·剧场

川川是一个精力充沛的小男孩，从幼儿园回家后，他仍然想玩。可是他的父母都要上班，没有时间带他去外面玩，只能让保姆在家里看着他，只要不磕着碰着，他愿意玩什么就玩什么。

楼下的邻居原本也是要去上班的，等他们下班回家不久，川川就休息了，所以一直相安无事。但是在这段时间，邻居的母亲生病了，医生说要静养。于是，每天下午四点到晚上九点，川川制造的噪声，让老人苦不堪言，甚至因为得不到很好的静养，血压升高迟迟降下不来。

邻居也曾多次找过川川的父母，但是川川的父母只是口头和川川说一下，也没时间天天盯着他。原本川川实在吵得不行了，邻居才找上门来，到后来，川川哪怕跳两下，邻居都上来敲门。就这样，邻里关系变得越来越差，矛盾也越来越尖锐。

有很长一段时间，邻居没有再找上门，川川的父母以为邻居不再计较了，川川又开始每天都在家里跑来跑去。突然有一天，川川刚刚睡着，父母也准备休息的时候，水管子却传出"咚咚"的声音，连续响了几声后，就又不响了，他们刚有睡意，声音又响起来了。就这样断断续续的声音持

F6

哈哈，跳来跳去多愉快。

F5

这咚咚的，我的心脏真受不了。

续到了十二点，全家人都没有休息好。第二天，仍然如此。川川的父亲知道是楼下的邻居在报复，赶紧下楼找邻居交涉。没想到的是，邻居直言，自己的母亲因为长期得不到静养，导致血压过高引发脑出血，已经过世了。

直到这时，川川的父母才开始真正管教儿子，跟他约法三章，禁止在家里跑跳，禁止在家里大声喧哗，禁止在家里玩球……然而，一切为时已晚。

礼仪小·课堂

现如今的邻里关系变得疏远了很多，相互之间见了面，眼熟了之后才会点头致意，一般也不会有什么深交。在这种情况下，邻里关系中的包容度降低了很多，所以非常容易引发矛盾。

最为常见的就是楼上发出噪声，如果只是偶尔掉落东西的声音，邻居都能理解，但如果是孩子跑跳、拍球等噪声，邻居就很难包容了。

小孩子一般都比较活泼好动、精力旺盛，很难真正做到保持安静。如果是想要玩耍，可以直接去楼下的花园或广场。如果是玩积木等玩具，可以在家里先铺上一层地垫，进行物理隔音措施。晚上十点以后，就要自觉地停止会发出噪声的举动，比如弹琴、看电视太大声等。

如果邻居已经提出了楼上的声响太吵了，小孩子首先应该自省是否有制造噪声的举动。如果有就需要避免，如果没有，也要保持好的沟通态度，或是请物业人员帮忙寻找噪声真正的来源。切勿激化矛盾。

情景式提升

远亲不如近邻，尽管现在邻里关系已经生疏了很多，但仍然有一些交集。青少年在日常生活中应该格外注意，不给邻居增添麻烦。

首先，在进出房屋的时候，轻轻关门，而不是让它发出"嘭嘭"声。这种声响虽然只有一声，但完全是没有预料的，对于年龄较大的邻居而言，就会被吓一跳。

其次，在楼道里不能打闹，一方面是为了自己的安全着想，另一方面就是打闹声也会成为噪声，而且因为楼道里有混响，这种噪声的分贝更大。

最后，不要把垃圾和杂物堆在公共过道里。有很多小朋友吃完零食会随手把垃圾扔在楼道里，或者是把比较占地方的玩具放在楼道里，这些都容易成为邻里矛盾的源头。

有序排队不插队——相互礼让，自觉排队

古籍中有大学问

《荀子·儒效》："井井兮其有理也。"

这句话的意思是说，做事要井然有序，有条有理。

在古代，并没有"排队"这个概念，只有"有序"这个概念，并且与这个概念相关的，有很多成语，比如"井然有序、井井有条、鱼贯而入、秩序井然"等。

有序排队是在公共场合的基本规则，不随意插队是个人最基本的素养。鲁迅先生也曾说，地上本没有路，走的人多了，也便成了路。其实这句话放在排队上也是一样的，世间本无队，大家都遵守，队伍自然就形成了。

礼仪小·剧场

　　楠楠是小区里的"孩子王"，每天从幼儿园回家后，一众小伙伴都会在小区里面玩耍。捉迷藏、跳绳、打羽毛球、玩悠悠球、蹬儿童自行车等都是他们热衷的活动。时间长了，小区里的住户都知道有这么一群小孩子，每天从幼儿园回来后都在空地上玩。

　　有一次，居委会要发放辖区住户的中秋福利，每家都可以去领取一份慰问礼品。楠楠的奶奶知道后，就让楠楠带着这群小孩去居委会领取。居委会的办公地点就在小区某栋楼的一层，楠楠就带着小伙伴们去了居委会。

　　没想到的是，居委会门口已经聚集了很多老爷爷老奶奶，他们也是想趁着年轻人还没下班，先把慰问品领走。楠楠平时是个嘴甜的小孩，冲着熟悉的老爷爷老奶奶一路叫过去，就走到了队伍的前面。有位老奶奶就说，都是小孩子，站在我前面吧。楠楠也不客气，就带着几个小孩子插到了队伍前面。

　　站在后面的几位老奶奶不干了，纷纷指责这些小孩不懂规矩。那位老奶奶连忙打圆场，说都是小孩子，大家让一让。另一位老奶奶反驳说："如果是一个小孩，自然就不说什么了，好几个孩子，怎么让？"

　　一来一去，几位老人竟然吵了起来。见此情景，楠楠想起以前排队买东西时，妈妈曾经告诉过自己，不管做什么事，只要是在公共场合，就必须学会排队，凡事都有先来后到，这就叫规矩；不能仗着自己年纪小，就总是让大人们让着自己，大人的时间才更宝贵。于是，他连忙站出来，对着争吵不止的奶奶们道歉，又呼唤着小伙伴们走到了队尾。

　　楠楠拿到慰问品回到家后，把这件事情当成"新闻"讲给奶奶和妈妈听。奶奶和妈妈肯定了楠楠的做法，并给予了奖励。

礼仪小·课堂

　　一般来说，在公共场所，无论是在医院挂号，还是在游乐场所玩耍，都是以先来后到为标准排队。为什么有些小孩子不愿意排队呢？

　　小孩子通常缺少耐心，他们很难做到长时间等待，几分钟还能坚持，但时间一长很容易发脾气、吵闹，所以其他成年人往往会选择让小孩子优先。但青少年必须认识到，这种"优先"并不是必需的，不能把别人的好意当作理所应当，更不能主动要求"让自己优先"。

在排队的过程中，也需要注意，不能因为等待而乱发脾气、大声喊叫，也不能来回跑动，而是要乖乖站在那里。如果觉得无聊，可以找一些转移注意力的事情，比如看看远处的风景，听听音乐，都可以打发排队的时间。

情景式提升

在排队的时候，有几种人可以优先进入，比如行动不便的残疾人、军人。如果是在医院，危重病人、老年人等都可以根据病情而优先。

残疾人优先是很容易理解的，他们行动不便，如果长时间排队，会让他们感到不适，所以这是一种非常人道的安排。

军人优先，主要是因为军人常常会有任务，需要紧急归队，此外，军人外出的时间有限，他们大部分时间都是在部队里训练，外出都是有采购需求、探亲需求等，所以我们应该理解他们。

当我们遇到别人需要优先的时候，也不要吝啬等待的时间，应该让有需要的人尽快得到帮助。不要因为这些事情而乱发脾气，或者大声指责，在合理规则内的优先原则，也是人文关怀的一部分。这就和在很多公共场所中，儿童会得到成年人的宽容和社会原则的偏向是一个道理。

小朋友们，你们理解了吗？

扔垃圾要讲文明——学会垃圾分类

古籍中有大学问

《管子·法法》："求必欲得，禁必欲止，令必欲行。"

这句话的意思是，国家有要求的一定要做到，国家禁止的一定要杜绝，国家颁布的法令一定要实行。

《童规》："果皮壳，不乱扔。"

这句话的意思是，不要乱扔果皮壳。

在古代，虽然没有要求垃圾分类，但是对于打扫卫生是有要求的。比如，王安石所作《书湖阴先生壁二首·其一》中有"茅檐长扫净无苔"，还有很多相关的成语，如一尘不染、窗明几净等。

古人对于垃圾的处理是比较随意的，因为古代垃圾的种类比较少，而且那时的人没有环保的概念，只有废物利用的想法。但演变至今，如何处理垃圾是一件需要认真对待的事，因为我们要对环境负责。

礼仪小剧场

莹莹家所在的小区开始实行垃圾分类，为了更好地帮助业主们做好这项工作，物业在电梯门口处张贴了如何进行垃圾分类的科普宣传页。莹莹的妈妈看到后，回到家里就把莹莹叫到面前，跟她讲明了哪些垃圾应该归到哪个分类桶里。

因为是居家，所以他们并没有购买家用的分类垃圾桶，而是购买了四大两小、不同颜色的垃圾桶，分别放在客厅、厨房、厕所、莹莹房间和父母房间里，厨房的垃圾桶是放厨余垃圾的，厕所、莹莹房间和父母房间是放其他垃圾的，客厅是放可回收物的，还有一个盛放有害垃圾的放在大门后面。妈妈觉得，这样摆放已经足够做到垃圾分类了，毕竟大部分垃圾都属于其他垃圾和可回收物。

但是莹莹在扔垃圾的时候，根本就不按照分类要求，而是扔到离她最近的垃圾桶里。刚开始，妈妈到外面扔垃圾时，物业并没有多做理会。但后来随着要求越来越严格，妈妈常常得站在垃圾桶面前重新进行分类。这样一来，妈妈的工作量就大大增加了。回到家里，妈妈只能盯着女儿扔垃圾，只要扔错了就会纠正她。但这么做的效果并不好，只要稍微不盯着，莹莹就又回到原来的样子，这让妈妈头疼不已。

有一天，妈妈在视频网站上看到一则新闻，讲的是有很多动物被塑料袋、塑料制品缠住了翅膀、鳍、嘴巴等部位，造成它们因为不能翱翔、游泳、进食而悲惨地死去。妈妈心念一动，想到了解决莹莹不按照分类要求扔垃圾的好办法。

莹莹是个特别喜欢动物的小朋友，家里也有很多讲述大自然的画册，妈妈就把这个视频播放给她看。起初，莹莹还不太明白，妈妈便问她知不知道那些垃圾是从哪里来的。莹莹摇摇头。妈妈告诉她，我们每天扔掉的垃圾，如果不进行分类处理，可能就会采取其他方式进行处理，比如填埋在荒山野岭或倒入海洋中，这会对动物的生存环境造成严重的影响。如果能做好垃圾分类，厨余垃圾可以被用作动物饲料，可回收物可以进行再利用，其他垃圾可以选择降解等方式进行处理，有害垃圾则会被重点处理。这样做，就能让我们减少浪费，还能给小动物们创造更好的生存环境。

莹莹听懂了妈妈的话，再看动物被塑料制品困扰的视频，陷入了沉思。

礼仪小·课堂

随着自然环境不断被破坏，现如今，人们的环保意识越来越强。垃圾分类做起来也许有些麻烦，但这么做，恰恰说明人类希望能够对地球负起责任。

地球并不仅仅是人类的家园，也是动植物的家园。有很多动植物因生存环境恶化，彻底在地球上消失了。所以，人类需要行动起来。垃圾分类最直接的作用就是让各类垃圾得到最好的处理。对环境影响很大的有害垃圾可以进行集中销毁；能够做成饲料的厨余垃圾可以直接进入加工厂；可回收物可以进行废物利用，减少浪费；而其他垃圾也需要进行专业处理，将对环境的影响降到最低。

虽然我们做垃圾分类麻烦了一点，但对于大自然的好处是很大的，所以要坚持下去。

情景式提升

你还知道哪些环保行为呢？

树木可以造纸、可以制作成木筷，但是一次性筷子对树木的消耗非常大，所以在外用餐时，应该倡导自带餐具，尽量减少使用一次性餐具。为了保护环境，近年国家提出了"低碳环保"的概念，倡导外出时首选公共交通工具，或者采用步行、骑自行车等绿色出行方式，减少开私家车的次数。除此之外，还有植树造林活动，每年的植树节，很多小朋友可能都参加过学校的植树活动。

不要随意放生外来物种，这会破坏生态平衡。不要随意丢弃白色污染垃圾（废弃的塑料制品），因为很多塑料制品会对海洋生物造成巨大的威胁。塑料袋在进入海洋后不易降解，往往会被海洋生物误食，或将其缠绕，导致海洋生物窒息，甚至死亡。

在大自然中，不要随手乱丢垃圾，如果附近实在找不到垃圾桶，也应该将垃圾带回家再处理。

还有什么环保行为呢？小朋友不妨再多想想。

今天你让座了吗——把座位留给需要的人

古籍中有大学问

> 《童规》："乘车船，不抢座，帮残疾，让老弱。"

这句话很好理解，意思是坐车坐船时，不要争抢座位，要将座位让给残疾人和年老体弱的人。

> 《贤者之孝二百四十首·张霸》："幼也知孝让，居然合礼仪。"

这句话的意思是，小孩子也懂得孝敬、谦让，这是合乎礼仪的。

在古代，虽然没有乘车时要让座的规则，但谦让是一件非常值得被称赞的事情，如流传于世的《孔融让梨》的故事，

讲的就是年龄小的孔融将大的梨让给年长的哥哥，自己选择了一个小的梨。所以，现在的我们也应该学习孔融的谦让精神，把座位留给真正需要的人。

礼仪小·剧场

亮亮上学的地方离家只有几站地，在他上一二年级的时候，妈妈负责每天接送。从周一到周五，妈妈都带着他乘坐公交车往返学校，途中，几乎每天都有友善的年轻人给亮亮让座。妈妈常和别人说，路程短，不需要让座，但年轻人都很热情，妈妈就让亮亮赶紧谢谢对方。

升入三年级之后，学校鼓励孩子们自己乘坐公交车或步行上下学，以培养他们的独立性。开学第一天，妈妈告诉亮亮，以后就让他自己上下学了。亮亮知道这是自己长大了，很开心地便接受了。

妈妈当然也是不放心的，所以就悄悄跟在亮亮身后。此时，亮亮的身高已经有一米五左右了，但还是有一些年轻人会主动给他让座，亮亮礼貌地和人道谢后，就乖乖坐好。就在这时，一位孕妇从亮亮身边路过，亮亮看到了，但并没有要让座的意思。直到一位年纪比较大的阿姨站了起来，把座位让给了孕妇。妈妈看到这个场景，突然意识到，既然亮亮已经长大了，可以自己上下学了，就应该让他知道礼貌让座这个道理。

当天晚上，妈妈把亮亮叫到面前，问："第一次自己上下学好不好玩？能不能适应啊？"

亮亮很开心地说："很适应啊，也有大哥哥给我让座，到站我就下车了。"

妈妈提醒他："那在车上有没有看到需要帮助的人啊？"

亮亮想了想，说："没有啊。"

妈妈又提醒她："那有没有需要让座的人啊？"

亮亮想起来了："有位怀了宝宝的阿姨。"

妈妈问："那你是不是也应该给人家让座啊？"

亮亮指了指自己："我？我不是还需要别人给我让座吗？"

阿姨，您坐在我这里吧。

好孩子，谢谢你啊。

妈妈告诉她："以前别人给你让座，是因为你年纪小，怕你站不稳，会摔倒。但今天这位阿姨明显比你更危险，更怕摔倒。再说了，你都已经是能自己上下学的大孩子了，如果看到有需要让座的人，比如年纪大的爷爷奶奶、残疾人，或者怀孕的阿姨，你都应该让座，因为这些人比你更需要座位。明白了吗？"

亮亮点了点头，明白了妈妈的意思。是的，自己已经是大孩子了，应该把座位让给更有需要的人。

礼仪小·课堂

公共交通工具中都设有老弱病残孕专座、轮椅摆放区，这些都是为了关怀需要被照顾的人群。如果公交车里乘客并不多，孩子可以单独占据一个座位，如果乘客较多，可以由家长抱着孩子。当孩子再长大一点，可以自己站稳扶好，在遇到需要帮助的人时，可以主动把座位让给更需要的人。

有很多人有出行的需要，但的确有困难，这时就需要我们的帮助和谦让，把座位让给他们。我们只是多站了一会儿，却保障了他们的出行安全。这也体现了一种来自社会的人文关怀。

谦让是一种美德，这种美德需要被传承下去，以促进社会的和谐。

情景式提升

乘坐公共交通工具是我们生活中常见的出行方式之一。你知道哪些乘坐公共交通工具时需要注意的礼仪和行为准则呢？

乘坐公共交通工具时不要外放音乐或大声打电话。很多人乘坐公共交通工具的时间长，会利用这段时间稍做休息，外放音乐或大声打电话会影响到他们。

要抓好扶手，不要随便跑动。在早晚高峰期里，乘坐公共交通工具都是比较拥挤的，如果随便跑动，就会迫使别人不断被挤来挤去。而且，一旦出现突发情况，司机急刹车，还可能导致摔倒。

小朋友们，你还知道哪些乘坐公共交通时需要注意的礼仪和行为准则呢？

第四章

孝敬长辈

小朋友们，今天我们的课堂主题是尊敬长辈。

尊敬长辈不能放在心里，而是通过细节表现出来。

出入家门要知会，回复消息应及时。

出门的时候，要告诉家人"我去哪里了"，如果不说一声，不就成了"离家出走"了吗？

父母叫我们，即使再忙，也应该及时回应。

父母的呼唤，都是有事要讲，要有所回应，不能充耳不闻。

记住父母的生日，在父母生日时送上祝福。

父母给我们过生日是因为爱，我们记住父母的生日也是因为爱。

不和父母顶嘴，有争议要沟通。

父母的话要认真听，有不认同的地方，要沟通，而不能乱发脾气。

珍惜父母的馈赠，爱是无价的。

爱父母，就要爱全部，父母的馈赠，无法用金钱计算。

出入家门与人说——不让家长担心

古籍中有大学问

《弟子规》："出必告，反必面。居有常，业无变。"

意思是说，出门时告诉父母去向，返家后面告父母报平安；起居作息，要有规律；做事有常规，不要随意改变，以免父母忧虑。

在古代，人们没有手机、电话等通信设备，如果出门不告诉父母自己

> 母亲，我要和村口的李少郎一起去后山放风筝，一个时辰之后回来。

> 你路上慢点，饿了就回来。

的去向，等父母发现之后会非常担心。而且因为没有通信设备，想要找孩子都不知道该去何处寻找。所以，古人便流传下了这个规矩。

到了现在，尽管有了很多通信设备，就算是小孩子，也可以佩戴儿童手表，但父母仍然不会觉得安心。所以，每次出门前，我们都应告诉父母自己要去哪里，去多久，都和谁一起，什么时候回来。

礼仪小·剧场

盼盼平时最大的爱好就是和其他小伙伴一起在小区公园玩耍，公园中有一些便民健身器材，特别受到这些小朋友的喜爱。不过，他每次出门之前，都会和爷爷奶奶说明白，自己要去哪里，玩多久。如果爷爷奶奶有事找他，可以给他的儿童手表打电话。亲戚朋友见到此场景，纷纷赞扬盼盼懂事。

实际上，盼盼之所以这么懂事，是因为以前出去玩没有告诉家长而造成了一些麻烦。

那时，小区公园刚刚建成，有一次，盼盼和小伙伴们约好，要一起去公园"探险"。盼盼放学回到家，发现爷爷奶奶没在家，着急出去玩的他也没有留张字条，就跑了出去。

爷爷奶奶买菜回来后，发现盼盼还没有回来，就去学校里找。老师告诉他们，孩子们早就放学回家了，让爷爷奶奶先回家看看，是不是路上走岔了。爷爷奶奶回家一看，盼盼还是没回来，这下子，两位老人都慌了，于是，他们就决定去当地的派出所报案。

奶奶急得不行，一路上一边哭一边大喊盼盼的名字。再次回到小区，比较熟悉的邻居听说孩子丢了，都放下手里的事情帮着一起寻找。他们找遍了平时盼盼会去的超市、小卖部、冷饮店，都找不到他的身影。盼盼的

有教养的孩子更受欢迎

父母接到奶奶的电话，也都赶回家。就在这时，一个家长突然想起刚刚建成的公园，说盼盼会不会去那里了。一行人急急忙忙地跑到公园里继续寻找，终于在公园里找到了正和同学们玩捉迷藏的盼盼。

爷爷奶奶既庆幸又生气，妈妈则怒气冲冲地跑上来训斥他，为什么出门玩也不跟家长说一声。盼盼说，回家的时候爷爷奶奶不在家，他和同学约好了，着急，就跑出来了。妈妈又问，为什么其他同学的家长没有着急呢？果然，其他同学出门前，都把自己要去公园玩的事情告诉了家长。盼盼看着生气的爸爸妈妈、着急的爷爷奶奶，终于意识到自己的错误，并且保证下次再也不这样了。

礼仪小·课堂

现在儿童出门一般都会由家长带领，直到上学之后，家长才逐渐放手让孩子自己出门。青少年告诉父母自己出门的时候，一定要明确几个要素。首先，是目的地，比如去图书馆、公园，是否需要乘坐公共交通工具；其次，是去多久，可以预估一个时间，比如两个小时；再次，是和谁去，是同班同学，还是同社区的小伙伴，对方家长是否知情；最后，是其他事项，如果出去的时间比较久，是否要在外面用餐；等等。

一定要注意，如果外出时间比较久、目的地比较远，一定要事先和家长沟通，而不是临行前再知会家长。

情景式提升

出门之前，除了要和家长沟通出行目的和时间之外，我们还应该做什么准备呢？

最重要的一点就是带好手机（或儿童手表）和钥匙，一定要确保手机（或儿童手表）电量充足。因为手机（或儿童手表）是家长和我们联系的纽带，孩子单独出门，家长肯定会有所担心，每隔一段时间可能会给孩子打个电话确认是否安全。另外，当小孩在户外遇到危险时，比如摔倒了、迷路了，可以通过手机（或儿童手表）及时求助。

第二点是牢记自己的家庭住址和紧急联系人，以便自己能够在向路人或警察求助的时候，给出具体的信息。

第三点是带一些饮用水、遮阳帽等必要物品，如果自己的身体素质不好或者有疾病，一定要装好药品，比如防止过敏的、防蚊虫的等。

父母呼即应——事事要有回应

古籍中有大学问

《弟子规》："父母呼，应勿缓。父母命，行勿懒。"

这句话的意思是，父母呼唤孩子，孩子应及时应答，不要拖延迟缓；父母交代的事情，孩子要立刻去做，不可拖延或推辞、偷懒。

《童规》："父母唤，要应答。"

意思是，父母呼唤孩子，孩子应回答。

在古代，大家习惯日出而作、日落而息的生活，早上起来，父亲早早出门谋生，母亲在家里操持家务，孩子要么在家里帮忙做活计，要么是去学堂读书，各司其职。如果母亲突然

就来。

吾儿，出来帮娘亲晾一下衣服。

叫孩子，一定是有事情要叮嘱，或者是交代孩子去做什么。所以，父母每一次呼唤，都代表有事要说、有事要做，孩子自当及时回应。

礼仪小·剧场

浩浩特别喜欢玩手机，尤其喜欢看短视频，有时一玩起来就没完，妈妈叫他他也听不见。妈妈得不到回应，总是跑到他的房间里询问，这让妈妈很无奈。

有一天，浩浩做完作业开始刷手机。妈妈突然接到电话，得知浩浩外公摔倒了，需要赶紧送医院。妈妈很着急，就冲着浩浩的房间大声说："浩浩，炉灶上正炖着排骨，大概20分钟后关火。电饭锅里焖好了米饭，排骨好了之后，你自己先吃饭，我带外公去医院。"然后就出门了。然而，戴着耳机的浩浩根本就没有听见妈妈说的话。

大概过了半个小时之后，浩浩突然闻到从厨房里传来阵阵煳味。他先是大声喊妈妈，发现没有回应，这才摘下耳机，发现妈妈并不在家里，跑到厨房一看，一锅排骨都已经煳了，下面的几块排骨都烧成了黑炭。他赶紧关了火，可是妈妈呢？他只好给妈妈打电话，询问她在哪里。

妈妈正开车往外公家赶，听到浩浩的询问，就知道他刚才根本就没有听到自己的话。再一听排骨都烧煳了，便生气地说那是他今天的晚饭，如果没法吃就先饿着吧，等带外公看完病再说。

等到爸爸下班回家，没看到浩浩妈妈，却看到一锅煳了的排骨，就问浩浩发生了什么事。浩浩很委屈，觉得自己只是没听到妈妈说话，惹恼了妈妈。爸爸反问他："你真的认为自己没有错误吗？"

接着，爸爸语重心长地对浩浩说："在同一个屋檐下，爸爸妈妈每次叫你肯定都是有事情要说，即便说的不是什么大事，也是在沟通感情。你

却不重视妈妈的话，每次都不认真听，又怎么能记在心里呢！"

浩浩说："作业完成了，我难道连看手机的自由都没有了吗？"

爸爸告诉他："业余时间当然可以看手机，问题在于妈妈和你说话，你却不回应。如果想玩，可以出来先和妈妈说一下：如果有事情，进屋来叫我。或者把音量调小一点，这样就不会听不到妈妈的话了。而且，妈妈有时候和你说点什么，你能及时给出回应，妈妈会觉得这是在交流感情，而不是简单地说事儿。这样才是家啊！"

妈妈回到家后，浩浩特意等着她向她承认错误，并且保证以后绝对不会再发生像今天这样的事情了。

礼仪小课堂

父母的呼唤，和其他人的呼唤并没有什么不同。同学们叫我们，我们会认为他要找我们玩，我们会立刻回应；老师叫我们，我们可能会认为自己犯了错，也会立刻回应；亲戚们叫我们，我们会认为这是在交流感情，同样会给予回应。为什么到了父母的呼唤时，我们要区别对待呢？

有些孩子认为，天天和父母在一起，父母的呼唤都是琐事，不是让我干活就是让我吃饭，回应与否不重要。还有的孩子是因为进入了叛逆期，认为家长往左我偏往右。

其实这两种心态都是不对的，都应该及时调整。家人才更应该得到我们的重视，我们更应该花费时间和家人沟通感情。如果是因为叛逆期和父母对着干，等过了这段时间，你会觉得自己无比幼稚。

情景式提升

很多人还会觉得，父母的呼唤是一种变相的唠叨和批评。我们该如何看待呢？

我们应该先搞清父母唠叨的原因是什么。是自己做得不够好，还是因为父母遇到了问题，产生了焦虑。如果是前者，我们可以自省，改正自己的缺点，让父母看到我们的进步。如果是后者，作为小孩子，我们无能为力，但可以给父母提供情感上的支持和精神上的鼓劲。

要学会如何和父母进行有效沟通，而不是被情绪左右。一旦被情绪所左右，就很容易产生抵触情绪，再听到父母的呼唤时，就更容易消极对待，那父母就会有更多的唠叨，这就会形成恶性循环。只有采取有效沟通，让父母和子女的交流更顺畅，才能让家庭更温馨，家庭关系更亲密。

记住父母的生日——爱要表达出来

古籍中有大学问

《童规》："父母心，知体恤。"

这句话的意思是说，作为子女，应该要体谅父母的心情。

《孟子·万章章句上》："孝子之至，莫大乎尊亲。"

这句话的意思是说，对父母最大的孝顺就是尊重父母。

中国古代非常注重孝道，这是一种尊重和关心父母的美德。古人认为，孝顺父母是一种家庭责任和社会道德的表现。

连圣人都说，孝顺父母的宗旨是要尊重父母、体恤

父母，这看起来过于抽象，如何将孝顺体现在实处呢？对于小孩子来说，最简单、最容易做到的就是记住父母的生日，并在生日当天对他们说上一句"生日快乐，我爱你们"，借此来表达爱意和尊敬。

礼仪小·剧场

对于任何一个小孩来说，每一年的生日是非常值得期待的，因为在生日那一天，能够收到来自父母、亲友的礼物，无论收到什么礼物，都会开心的。父母给孩子买生日礼物，是一种爱的表达方式。有的父母会选择让小孩自己挑选礼物，只要是合理的、不超过预期的，家长都会满足。有的父母喜欢用送惊喜的方式，他们会根据孩子的喜好和需求为其购买生日礼物。无论是哪一种方式，都是爱的表现。反过来，父母的生日，孩子同样应该有所表达。

甜心是个特别懂事的小女孩，也是父母的贴心小棉袄。在平时，她总是会和爸爸妈妈说"我好爱你们"之类的话。

有一天上课，老师讲了一篇课外读物，主题是母子情深。老师说："父母给孩子的爱是最无私的，那同学们，你们爱不爱你们的爸爸妈妈呢？"

同学们都齐声回答"爱"。老师又说："今天给同学们布置的作业就是，记住爸爸妈妈的生日，我会不定期地询问，你们是否记得父母的生日，好不好？"

回到家后，甜心就跑过去问爸爸妈妈的生日，父母都觉得有些奇怪，好端端的怎么突然问这个。甜心说是老师布置的作业，爸爸和妈妈就把自己的生日告诉了她。

甜心牢牢记住了父母的生日，不仅因为这是老师布置的作业，她打算

老爸，这是我为您定制的手机壳，祝您生日快乐！

在爸爸生日的时候送给爸爸一份礼物。但是，她的压岁钱都存在妈妈那里了，为了保密行动，她不能找妈妈要钱，只能自己每天节省两元零花钱来积攒。爸爸的生日即将到来，她没有攒多少钱，只有几十块，想要给爸爸送一份生日礼物，但不知道应该送什么。

邻居家的小姐姐告诉她，可以在网上购买定制的手机壳，也不贵，十几块钱就够了。甜心觉得这是一个很好的提议，就请小姐姐帮忙购买，手机壳是一张她和爸爸的合影，并且让商家写上了"女儿永远爱爸爸"的话。

爸爸生日那天，甜心把礼物包装得很精美，送给了爸爸。爸爸拆开包装一看，激动不已。甜心说："爸爸，虽然这份礼物不贵重，但我要让您知道，女儿永远爱您。"那一天，一家三口吃了一顿特别温馨的晚餐，爸爸还忍不住抱住甜心，说这是他收到的最好的礼物。

礼仪小·课堂

生日，是每个人一年一次的"节日"，每个人都渴望在这一天得到别人的祝福，有仪式感的人希望在这一天拥有特殊的记忆。

作为子女，在平时已经接受了父母太多的关爱和包容，在父母的生日这一天，也应该拿出自己的关爱和孝心，给父母以爱的回报。

可能有的小孩会说，过生日要送礼物啊，自己没有钱，怎么给父母买礼物呢？其实，父母对于收到什么礼物并不在意，只要有这份心，他们就会很开心了。等自己长大赚钱了，再给父母物质方面的回馈也不迟。

情景式提升

除了父母的生日之外，你还知道有什么日子需要对父母表示祝福、表达爱意吗？

母亲节是每一年5月份的第二个星期日。代表母爱的花是康乃馨，其花语就是妈妈，我爱您。除此之外，还有萱草。元代诗人王冕《今朝》中写道："今朝风日好，堂前萱草花。持杯为母寿，所喜无喧哗。"就是借萱草抒发对母亲的感恩之情。

父亲节是每一年6月份的第三个星期日。代表父爱的花是向日葵，寓意在父亲的关爱下，子女才得以茁壮成长。除此之外，还有石斛兰，因为这种植物坚韧的品质，和为了家庭不停打拼的父亲形象十分契合。

父母的结婚纪念日是很多人都会忽视的日子，尤其是孩子，可能认为这一天和自己没有关系。但是，这一天是家庭组建的开始，是这个家庭的起始点，孩子作为家庭的一分子，自然也应该在父母结婚纪念日这天给父母送上爱的祝福。

不要与父母顶嘴——学会有效沟通

古籍中有大学问

《弟子规》："父母教，须敬听。父母责，须顺承。"

这是教导我们，父母的教诲，应该恭敬地聆听；受到父母的责备时，应当虚心接受，不可强词夺理，更不能顶嘴。

《童规》："心里话，告父母，有过错，不隐瞒。父母言，要恭听。"

这句话很好理解：对父母的责备，要恭敬地听，如果自己犯了错，也不要隐瞒父母，心里是怎么想的，也要告诉父母。

听闻你最近在学堂里并不用功，是何缘故？

近来受了风寒，头疼得厉害，身体好了之后会更用功的。

人与人之间发生争执，通常都是因为无法达到有效沟通，朋友之间是这样，亲人之

间同样是这样。我们不能期望别人能像自己一样了解自己的内心，只能把自己的心中所想告诉对方，及时沟通，才能避免矛盾。

礼仪小·剧场

小初进入青春期后，逐渐变得叛逆起来。和很多青少年一样，最常见的叛逆表现就是不愿意听父母、老师的话，父母稍微说两句，他就有很多反驳的话。小初的妈妈每次都被气得血压飙升，说话自然就更冲了，母子二人谁都说服不了谁，最后就变成了谁也不理谁。

有一次，小初的小姨来家里做客，妈妈给了小初一百块钱，让他出去买点水果。小初问买什么水果。妈妈正拉着小姨聊家常，随口说看着买就行。小初来到超市，看着琳琅满目的水果，根本不知道该买什么。想了想，现在是夏天，买半个西瓜准没错，然后又挑选了几个水蜜桃、六根香蕉。

他拎着一兜子水果回到家，妈妈一一拿出来，然而，一边拿一边数落，西瓜来不及冰镇根本不好吃，小姨的血糖比较高，买的都是高糖水果……小初听着听着就不耐烦了，冲着妈妈嚷道："刚才问您买什么水果，您说让我随便买，我买回来您又不满意，下次别让我去买！"

当着小姨的面被戗，妈妈更生气了，就和小姨抱怨起来，说孩子大了，现在越来越不听话了，说他点什么都顶嘴。小初一听，也气得要回房间。

小姨连忙拉住小初，劝慰他："你长大了，妈妈也一年一年变老了，年龄越大的人越爱唠叨，尤其是女人。有时候你妈妈的唠叨并不是冲你，而是唠叨给自己听，因为平时在家的时候，没有人和她说话，她就只能自己和自己说话，那能不唠叨吗？"

有教养的孩子更受欢迎

我说你什么，你都顶嘴。

您说得不对，还不让我说！

小初第一次听到这种解释，扑哧一声，笑了。

小姨继续说："妈妈跟你说什么，你顺着她说，或者耐心地解释给她听。你不知道小姨血糖偏高，只是买了些应季水果。你想想看，你小时候胡搅蛮缠的时候，妈妈是不是也耐心地给你讲道理呢？其实都是一样的，只有你心平气和，才能和妈妈讲道理。你说对不对？"

小初还是强调说："我妈不讲道理啊！"

小姨反问道："难道你妈妈有了错误，就代表你能跟她顶嘴了吗？你跟她顶嘴，就能让她认识到自己的错误吗？"

小初这才意识到，原来症结在这里，母子二人发生矛盾和误解很正常，但如果采用顶嘴的方式强调自己没错，根本解决不了问题。

礼仪小·课堂

孩子长大了，有了自己的想法后，父母和子女之间的交流方式就会分为两种：一种是一个吵一个闹，谁也不理解谁，谁也说服不了谁；另一种是父母说应该如何如何，孩子说自己觉得该如何如何，父母听后觉得孩子长大了，真好。

相信所有孩子都愿意选择第二种，愿意和父母进行有效的沟通。

其实，小孩子如果想改变自己和父母的沟通方式，也并不困难，只要抓住几个重点即可。首先，不要把交流当成发泄。交流的目的是沟通心中所想，让别人理解自己，发泄虽然能抒发负面情绪，但换来的是别人更不理解。其次，抓住具体的事情。很多孩子总是说妈妈不关心他们，妈妈自然会觉得"我很关心你啊"，如果换成具体的事情，比如，"妈妈，我上周过生日，您都没有对我说'生日快乐'"，妈妈自然就会明白了。最后，用行动证明自己长大了，所提的要求是正当的。

情景式提升

在和父母进行沟通的时候，作为子女，我们还需要注意哪些方面呢？

无论我们多大，在父母面前都是孩子，所以对父母的尊敬和关爱是必须体现出来的。比如，先关心一下父母今天累不累，有没有时间陪自己聊聊天。

除此之外，言语中也不能有过多指责，而是要进行探讨，比如，"妈妈您昨天说……今天我想了想，觉得还是有些困惑想来问问您"，这样的开头能够消除父母听到孩子对自己的话有所质疑的不悦。

在阐述完自己的想法之后，可以表示这只是自己的想法，也不知道对不对，所以来问问父母。

这样一番沟通，相信父母和子女之间能够更直接有效地表达出心中所想。如果父母仍然不理解，也不要有破罐子破摔的心态，我们可以尝试不断寻找解决的方法：要么是子女被父母说服了，认可了他们；要么是父母被子女说服了，改变了态度。

珍惜父母的给予——爱本无关价钱

古籍中有大学问

《游子吟》："慈母手中线，游子身上衣。临行密密缝，意恐迟迟归。谁言寸草心，报得三春晖。"

这是唐代诗人孟郊非常著名的诗作，三十个字生动展现了一位母亲的慈爱之心：儿子即将远行，母亲用细密的针脚赶制了一件衣服，生怕出门在外的儿子回来晚了，这件衣服会破损。

在古代，很多东西都需要自己制作，很多母亲既会缝制衣服，又会纳鞋底，还会给孩子制作各种各样的玩具。即便这些东西没有那么贵重，孩子也会当作珍宝一样好好收藏，因为他们心里都清楚，任何物品都比不了母爱。

现如今，进入了市场经济时代，很多人都会用金钱来评估一件物品的价值，这是不对的。无

论在何时，父母的给予都应该是无价的。

礼仪小剧场

　　姗姗的妈妈是一位手工达人，平日里最大的爱好就是制作一些小玩意，从早年的十字绣，到新近的戳戳乐，家里摆放的小物件大多出自妈妈之手。自从姗姗出生之后，她的衣服、帽子都是妈妈亲手裁剪、编织或缝纫制作的，妈妈还会在衣服上缝制很多小装饰物——卡通的月亮云朵、逼真的小动物等，特别好看。

　　年纪再大一点后，姗姗上了幼儿园，班里的小朋友们有的穿公主裙，有的穿连衣裙，还有的穿汉服。姗姗看到这些漂亮的衣服内心羡慕不已，甚至开始嫌弃妈妈做的衣服。

　　尽管姗姗妈妈心灵手巧，用心裁剪，但自己纯手工制作的还是比不上市面上销售的衣服，没有那么多花样。小朋友们有时就会问姗姗："姗姗，你的衣服在哪里买的啊？"

　　姗姗不太愿意说是妈妈自己做的，就支吾着说："我也不知道。"

　　小朋友们又说："××商场里的衣服特别多，特别好看，你可以让你妈妈带你去那里买。我的衣服就是在那里买的。"

　　这样的对话说的次数多了，姗姗也开始变得不开心了，妈妈新做了什么衣服，她都提不起兴趣，甚至对妈妈做的衣服产生了抵触情绪。妈妈问她，是不是有什么心事。姗姗便说能不能去××商场里看看，想去那里买衣服，小伙伴们的衣服都是在那里买的，她也想要。妈妈虽然没再多说什么，但伤心是在所难免。

　　爸爸知道这件事情之后，觉得姗姗和别人攀比这种行为特别不好，不珍惜妈妈的劳动付出更不好。在一个周末，他把妈妈给姗姗做的衣服按照年龄排列好，把姗姗叫了过来，语重心长地对她说："姗姗啊，自从你来到家里，妈妈就总想着要给你最好的、最多的爱，她用心地为你准备每一件衣服，即便你穿旧了，如果是你穿着特别好看的，妈妈也舍不得扔，都留下来作纪念。可能在你看来，这些衣服没有商场里卖的那些精致，但这都是你妈妈的劳动成果。一针一线都是妈妈对你的爱，你说对不对？"

姗姗听完之后，为自己的行为感到愧疚，连忙跑去抱住妈妈，感谢妈妈的付出。

礼仪小·课堂

每个孩子一生中会收到无数份礼物，有来自父母的，有来自亲戚的，有来自朋友的。亲戚送的礼物，在亲戚孩子过生日的时候，父母同样要回赠。朋友送给自己的礼物，同样需要回赠，因为礼尚往来。唯有父母的礼物，是不要求我们回赠的，他们的付出也是最无私的。

可是，在学校里，总会有同学互相攀比，好像谁收到的礼物贵重，谁就高人一等。如何改变这种错误的认识呢？父母选择任何一样物品送给孩子，先看中的是孩子是否需要，至于价格是贵还是便宜，主要是看自己能否承担。在父母的心中，孩子的需求是第一位的，也就代表着爱是第一位的。那么作为子女，首先感受的是来自父母的爱。爱本身就是无价的，尽管物品有价，但那也只是代表家庭经济条件，而不是因为爱的限制。

弄清了这一点，自然就能跳出这个思维误区了。

情景式提升

在收到父母送的物品时，我们需要注意什么呢？

父母选购的物品不一定会完全符合我们的心意，比如在母亲心里，女孩子就是要穿粉色的衣服，但孩子已经不喜欢了，更想要其他颜色的。但我们不能嫌弃地说："怎么又是粉色的，丑死了，您怎么那么老土……"或许孩子说的是正当需求，但这种话语一旦说出来，就会对母亲造成伤害。

那我们应该如何提要求呢？比如："妈妈，我们班同学有个女生穿了件蓝色的衣服，特别好看，您下次能不能也给我买一件蓝色的衣服呢？""妈妈，我已经有很多件连衣裙了，下次能不能给我买条牛仔裤呢？我看有同学在穿，特别好看……"

我们不能否认父母的眼光，更不能嫌弃他们送的物品，而是要用商量的口吻提出请求。

小朋友们，你们记住了吗？

第五章

尊师爱友

小朋友们，今天我们的课堂主题是尊师爱友。

老师和朋友，都应该值得我们尊重和爱护。尊师，让我们更明理；爱友，让我们体会真挚友情。

尊师重道是美德，课外遇见要打招呼。

在学校遇到老师，要说"老师好"，询问问题时要注意语气。

尊师第一步，课堂纪律要遵守。

尊敬师长，最重要的便是在课堂上认真听讲，不捣乱、不喧哗、不目中无人。

不给同学起外号，辱人言，莫出口。

同学之间要相互关爱，不能以貌取人，也不能揭人伤疤。

课堂上不能随便乱起哄。

课堂是严肃的地方，不是打闹的地方，切勿在课堂上哗众取宠，随便起哄。

不能用拳头争高下，暴力行为不可取。

无论和同学发生什么矛盾，都应该用智慧去化解矛盾，拳头解决不了任何问题。

尊师是美德——师者，所以传道受业解惑也

古籍中有大学问

清代康有为《康有为政论集》："师道既尊，学风自善。"

这句话的意思是说，如果大家都能遵从师道的话，学风自然就好了。

《师说》："古之学者必有师。师者，所以传道受业解惑也。"

意思是说，古代求学的人一定有老师。老师，是传授道理、教授学业、解答疑难问题的人。这篇经典文章就是讲述老师对学生的重要性，学生应该尊重老师，虚心向老师求教。

古人十分讲究尊师重道，有"一日为师，终身为

父"的说法，能将老师和父亲放在同一高度，足以证明老师的重要性。像孔子这种广收学生的教育者，更是有圣人之名。

现如今，我们也应该把尊师重道的优良传统传承下去。

礼仪小·剧场

在舟舟上学之前，舟舟的妈妈特意反复叮嘱，进入校园之后，一定要听老师的话，正所谓"师者，所以传道受业解惑也"，意思就是说老师是给他传授知识、解答疑问、指引人生方向的人。

舟舟把妈妈的话记在了心里。他想象中的老师，应该是一位学识渊博、戴着无边框眼镜、侃侃而谈的学者，十万个为什么都难不倒的。然而，等他进入班级之后，站在他面前的是一位十分年轻的女老师，化着淡妆，梳着马尾辫，笑容灿烂。舟舟觉得，这么年轻的老师，怎么能给自己传授知识、指引人生呢？

这位老师特别爽朗，待同学们都坐好之后便自我介绍道："我姓陈，你们可以叫我小陈老师。以后我负责教你们语文，上课的时候我是老师，下课的时候我就是你们的大姐姐，有什么事情都能和我说啊。"

年轻的小陈老师采取的是先和学生拉近距离，再展开教学的方式。然而，在舟舟看来，这种教师的形象与他心中所期望的高高在上的教师形象相去甚远，这让他感到有些别扭。尽管如此，舟舟还是怀着这种复杂的心情开启了自己的学生生涯。

小陈老师在课堂上特别喜欢用互动的方式教学，经常带着学生们一边做小游戏，一边讲述课程重点。时间久了，舟舟甚至有一种错觉，觉得陈老师并不是老师，而是带着同学们玩耍的人。所以他在平时对小陈老师并没有太多的尊重，见面了就点个头，也不主动问好，放学的时候，别的同

没想到年轻的小陈老师讲课这么好。

学都说"老师再见"，舟舟就随口说一句"走了啊"。对于舟舟的这种行为，小陈老师并没有放在心上。

直到有一天，数学老师生病了，小陈老师被临时拉过来代课，但她并没有带下一节课所用的课件，便抱着笔记本电脑走进教室，上了一堂生动的"欣赏课"。小陈老师声情并茂地朗诵了很多唐诗宋词，讲述了很多大文学家的小故事。舟舟坐在座位上听得如痴如醉，小陈老师的身影和想象中的老师的形象重合在一起。

回到家后，舟舟兴奋地和妈妈说了自己的发现。没想到的是，妈妈竟然批评了他，不管老师多年轻，和学生们多亲近，学生都不能对老师不尊重。尊重老师，并不是因为年纪，而是因为老师这个身份。

礼仪小·课堂

在每个孩子成长的过程中，老师都是指路明灯。无论是社会，还是家长，都应该向孩子传递"尊师重道"的观念。

第一，尊重老师，就是尊重知识，因为老师是传授知识的人，是对我们进行知识启蒙的人。

第二，尊重老师，能助我们找到人生方向。老师会给我们讲述很多做人的道理，让我们脱离稚嫩，用更成熟的眼光和思维去看待世界。

第三，尊重老师，能促使我们变成更优秀的自己。每个人都会犯错误，尤其是在少年时期。通过老师的教育、指正，我们能够培养好习惯，并且有了最基本的是非观。

还有一些山区教师像张桂梅校长那样，用自己的双手托起无数贫困学生的求学之梦。我们的老师也许并不像张桂梅一样为公众所熟知，但他们同样具有奉献精神，他们是值得我们尊重的。

情景式提升

在学校里，除了课堂上，我们遇到老师，或是需要寻求老师帮助的时候，需要注意什么呢？

在学校里，遇到自己的任课老师是再寻常不过的一件事，有些胆小害羞的同学会找地方躲起来，不希望老师注意到自己。其实，大大方方地说一句"老师好"，既能表达尊重，同时也锻炼了自己的交流能力。

如果遇到问题想要请教老师，带着问题去办公室是最好的。初入办公室时注意喊"报告"或敲门，说话要讲清楚重点，比如："老师，我昨天做了一道习题，用了××公式和××解题思路，结果却和参考答案不一致，您能帮我讲一下吗？"重点要突出自己做了什么努力，使用了哪种方法，请老师指出解题思路的错误之处。

离校时，和老师说再见是最基本的，更进一步地，可以和老师说"明天见""周末愉快"等能够拉近彼此距离的问候语。

上课礼仪做到位——没有规矩不成方圆

古籍中有大学问

《童规》："师提问，要回答，发言时，要立正。"

这句话其实就是在讲课堂礼仪。老师点名提问时，学生即便不知道也要站起来说不知道，发言时一定要站起来，而不能坐在座位上回答问题。

白居易："仁圣之本，在乎制度而已。"

意思是，尽管人的本性善良，但为了维护社会秩序和公正，还需要制定各种法律和规章制度。

在古代，很多事情都有规矩，这种规矩有可能是落实在文字上的法典，但更多的是口口相传需要遵守的制度。这种制度涵盖生活的方方面面。在学堂上也同样如此，如果学生犯了错误，老

你可知错？

先生，我错了，下次再也不敢了。

师有资格训诫学生，家长不可以插手。而学生必须遵守学堂里的各种规矩，就如同现在的校规、校训一样。

礼仪小剧场

在学校里，每次上课前，班长都会喊"起立"，老师说"同学们好"，学生们说"老师好"，然后老师说"请坐"。这是一套标准的上课流程。下课时，也同样如此，起立后，老师说"同学们再见"，学生们说"老师再见"。

小山刚入学时，对这套上课流程感到非常不适应，他觉得这样的流程既浪费时间，又非常累人，他认为这是一种老套的做法。因此，他每次上课前后行礼时，都表现得很散漫，站起来的动作也显得很敷衍。

班主任注意到他有抵触情绪，在班会上提醒过他，但小山并没有任何改变。尽管如此，但他学习勤奋，成绩也不错，如果遇到不会的问题，会主动去办公室找老师询问。这让老师感到很困惑。

有一天，小山正好去办公室里找班主任询问问题，老师很耐心地给他讲解之后，就问小山："为什么每次上课前后的行礼，你都表现得特别敷衍呢？"

小山很纠结，想了一下才说："我就是觉得站起来再坐下很麻烦，既浪费时间，又非常累人，根本就不知道为什么要这么做。"

班主任说："尊师重道嘛，这是千百年来流传下来的规矩，没有规矩不成方圆。"

小山又说："这种繁文缛节，有必要吗？"

班主任笑着说："来，老师跟你说为什么要保留这个流程。"

老师告诉他，每一节课之前，同学们刚刚经历了十分钟的课间休息，

大脑还处于放松状态，师生之间相互问好既是一种礼节，也是老师帮助学生唤醒大脑、快速进入学习状态的方法。下课时，也是通过这套流程帮助大家放松大脑。虽然小山目前还没有接受这种方式，但习惯是可以养成的。经过一段时间的培养，大脑会形成一种惯性，起立问好就会成为进入学习状态的信号，而起立说再见则表示可以放松下来。

> 师生之间相互问好，既是一种礼节，也能帮助你快速进入学习状态。

> 原来是这样，以后我一定认真做。

听完老师的解释，小山这才恍然大悟，原来一直被他视作繁文缛节的礼仪并不是为了折腾学生而设置的，而是有更科学的解释。自此之后，每一节上课前后行礼，小山再也没有敷衍过，端正了自己的态度。

礼仪小·课堂

在课堂上，最常见的场景便是老师在上面讲课，学生在下面认真听讲、记笔记；老师在上面提问，学生在下面举手发言。一天天、一堂堂，时光就这样匆匆而过。

课程总是会让人感到枯燥，有些同学会在下面不自觉地开小差、吃零食、看课外书、睡觉，其实这些行为都是不对的。同学们总觉得，老师看不见，其实站在讲台上，下面在做什么，老师一清二楚。只不过有一些小错误，老师选择了包容，又或者是为了照顾同学的自尊，选择私下提醒。

但在所有错误中，老师最不愿意看到的就是扰乱课堂秩序。比如，有的同学太困了，不仅睡觉还打呼噜；有的同学吃零食，吃的还是味道特别大的辣条；有的同学交头接耳，结果声音直接覆盖了老师的讲课声……这些行为直接影响了老师讲课的质量和其他同学的学习状态，自然就会被严厉斥责。

情景式提升

在课堂上，你都知道哪些需要学生遵守的规矩？

不交头接耳。有什么话可以放在课间十分钟、午休的时候说，也可以在放学后交流。

不吃零食。如果实在饿了，可以吃一口面包，喝一袋牛奶，味道不重，饱腹感强。

有事要举手。着急上厕所，或是身体不舒服，直接举手报告给老师，获得允许后再离开教室。

遇到不懂的下课问。如果遇到老师讲解的某个知识点自己没有完全理解，应尽量跟随老师的思路，不要在课堂上打断老师的讲解，可以选择在课下去办公室找老师仔细询问。

自觉保持安静。如果碰到老师被校领导叫出去交代事情，不要说话，如果时间短，就休息片刻，如果时间长，可以自行看书，消化课堂内容。

遵守老师的指令，做到令行禁止。有些实验课，老师会千叮咛万嘱咐不要做什么，不要太好奇，那些都是老师的经验教训。

小朋友们，你们还知道哪些课堂礼仪呢？

不要给人起外号——没有人会喜欢恶意调侃

古籍中有大学问

《弟子规》："凡是人，皆须爱。天同覆，地同载。"

这句话的意思是，对待朋友，应该相亲相爱；我们生活在同一片天地下，就不能区分你我。

在古代，朋友之间相互称对方的字、号，以示亲近之意。比如，李白，字太白，号青莲居士，他的朋友会称李白为"太白"，也会在诗作里称其"谪仙"等美称。字、号不等同于外号，更类似现代的昵称、笔名。而外号往往带有一定的贬义，具有调侃意味，有可能是名字的谐音，也有可能是根据其他某些特征，但总归会给人带来不好的感

受。既然是同学、朋友，就应该以对方的感受为重，表现出平等、友爱，毕竟没有人会喜欢被人恶意调侃的外号。

礼仪小·剧场

小明有个不好的习惯，他特别喜欢给别人起外号，其他小伙伴们有时候会跟他说，不要随便给别人起外号，老师说这样不好。但小明总是不以为然，他觉得外号不仅叫起来特别响亮，还能说明大家关系好。不过，他给小伙伴起的外号相对来说都是比较可爱的，比如团子、小豆包之类的，所以大家也就默认了，没有和小明太过计较。

上小学之后，小明把取外号的习惯带到了学校。他根据每个同学的特点起了很多外号，比较爱笑的就叫"开心果"，个子高高的就叫"擎天柱"。这些外号听起来都很有趣，同学们也都觉得这样能够拉近关系，就愉快地接受了。

然而，班里有一个男同学叫小天，长得又高又黑，就被小明叫"黑熊怪"。一些同学不愿意这样称呼别人，自然还是叫小天的原名，可是和小明玩得比较好的同学都这样称呼小天。

时间久了，小明等人和小天的关系势同水火。有一天，小明和同学们在操场上踢球，一个没留意，球被踢出了场外，恰好小天路过。小明想都没想就大喊一声："黑熊怪，把球扔回来。"

操场上还有其他班级一起玩耍的同学，听到这个名字都吃惊地四处张望。小天气愤不已，大喊一句"我有名字，我叫小天"，小明却不以为意地说："知道，快把球扔回来。"小天很生气，直接就把球踢向更远的地方。小明也很生气，觉得小天太小气了。就这样，小明等人就和小天吵了起来。

他长得又高又黑，不会是骗取袈裟的黑熊怪吧？

哈哈，黑熊怪，你的形容好。

你们这样随便给人取外号是不对的。

很快，班主任就赶了过来，询问事情的原委。小明等人纷纷说起让小天捡球，小天却把球踢得更远，言外之意都是小天的错。但班主任还是耐心地询问到底是什么原因。小天这才把自己被叫外号的事说了出来。

班主任听完后，并没有直接批评小明，而是对其他同学说："这样吧，小明的个子比较矮，以后咱们就叫他'矮冬瓜'吧，行不行？"小明当然不干了，觉得这样是在侮辱自己。老师反问他："只允许你给别人起外号，别人就不能叫你外号吗？"这句话把小明说得哑口无言。

礼仪小·课堂

同学之间的关系应该是平等、互助、友爱的，这有利于同学之间和平共处、良性竞争。但有些同学喜欢在班里拉帮结派，搞小团体，这是不对的。

我们应该如何表达同学之间的友爱之情呢？同学之间更多的是要互帮互助，比如你数学好，我英语好，那我们就可以彼此学习，我给你讲英语语法，你给我讲数学习题。久而久之，不仅同学之间的关系拉近了，还能够提高成绩。

表达友爱也要照顾同学的自尊心。比如，班里有的同学家庭条件不好，我们想帮助他，但必须看他愿不愿意接受。我们要平等待人，而不是高高在上地施舍别人。

如果有同学遇到困难，应该及时伸出援手，而不是计较和他们的关系好坏。

这样一来，同学之间的关系就会变得和谐，很多问题都能迎刃而解。

情景式提升

可能有些同学会认为，外号和昵称有什么区别呢？都是好玩的别名而已，为什么不能给别人起外号，但能给好朋友起昵称呢？

首先，昵称是关系极为亲密的人之间的玩笑。这就好比父母会给子女取小名，而且都是比较可爱和好笑的，甚至在过去还有为了让孩子好养活而取"贱名"的，但这是父母起的，我们和父母关系亲密，所以我们能够欣然接受。

其次，昵称是善意的。比如，闺密之间我叫你"臭丫头"，你叫我"小妮子"，哥们儿之间我叫你"大块头"，你叫我"小石头"，这些昵称都是带着善意和亲近感的，能够加深友情和亲密度，甚至对方叫得过分了，我们也能够毫无心理负担地以同样的方式回应。

外号就不一样了，它并非善意，甚至是带着一些歧视和恶意，而且并不是来自关系亲密的人，而是相对陌生的人。尤其是刚刚认识不久的同学，带着偏见起的外号，更是如此。

所以，不要把熟悉当作给别人起外号的借口，让伤害在无形中发生。

为同学保守秘密——尊重他人的隐私

> 孔子："乱之所生也，则言语以为阶。君不密则失臣，臣不密则失身，几事不密则害成。是以君子慎密而不出也。"

这句话的意思是，危险与动乱的产生，往往是言语不守机密引起的。如果国君不保守机密就会失去大臣的拥护，臣下不保守机密就可能招致杀身之祸，重要的事不守机密就造成危害。所以君子应谨慎地保守机密而不泄露言语。

在古代，人们将保守秘密当作一种信用，我将秘密告诉你，你答应帮我保守秘密，就要信守承诺，如果违背了承诺，就必须付出代价。

上次看到××和你说话，他和你说什么了？

那是我和他之间的事情。我不能告诉你。

发展到了现代，人

们一般不会因为不保守秘密就付出什么惨重的代价，但也应该牢记，不要随便透露他人的秘密，尤其是别人郑重交代过的。

礼仪小·剧场

小凤和晨晨是一对特别要好的朋友，两个小姑娘总是一起上学，一起玩耍，一起回家，几乎是形影不离。有什么悄悄话都对彼此说，有什么小秘密也会和对方分享。两个人还彼此约定，一定要为对方保守秘密，不可以背叛彼此。

到了五年级的时候，晨晨第一次来月经，就把这件事情和小凤讲了。不过出于女孩子的羞涩，晨晨要求小凤必须给自己保守秘密，不要告诉其他女生。

有一天，晨晨刚好来月经，而且当天还有体育课。好在晨晨并没有任何不适，再加上她平时从来不和除了小凤之外的人说这个情况，所以并没有人知道。但是这一天的体育课，体育老师把所有女生留下来，让男生自由活动，目的就是向女生介绍如果在体育课上遇到生理期应该如何请假。

老师刚讲完，小凤突然高声说："老师，晨晨今天要见习。"

老师原本就是想和女生交代一下，没想到正好有学生遇到这种情况，就多问了几句，比如之前有没有遇到这种情况，身体有没有不适，等等。晨晨非常生气地瞪了小凤一眼，因为是老师在问话，她只好红着脸一一回答。

下了体育课，晨晨第一次不等小凤自己先走了。小凤根本不知道晨晨为什么生气，连忙追上去询问。晨晨的情绪彻底爆发了，说明明答应了要替自己保守秘密，不告诉任何人，为什么会在体育课上说出来。小凤也很委屈，觉得自己没有和其他同学说，是老师问的。两个小伙伴第一次发生

了争吵。

课间时间，有的男生好奇心重，就询问其他女同学，体育老师单独留下全体女生有什么事情。有的女同学没当回事，就和男同学说了。于是，全班同学都知道晨晨来月经的事情了，搞得晨晨十分难堪。

小凤这才意识到自己伤害了晨晨，连忙找晨晨道歉。但是面对不懂事的男同学的调侃，晨晨既生气又难过。小凤也十分自责，怪自己一时嘴快，让好朋友陷入这种难堪的境地。尽管后来班主任出面教育了那些不懂事的男同学，但晨晨和小凤之间的关系却日渐疏远，再也回不到从前了。

礼仪小课堂

朋友把自己的秘密告诉你，这是信任你，无论这个事情是大是小，只要你承诺帮他保守秘密，就一定不能说出去。

往小了说，你无法预料到说出来的后果是什么。小孩子的秘密不会是什么大事，但如果涉及对方的家庭，就很难说了。比如，小伙伴和你说他的父母吵架了，想让你帮忙分析一下，你没有保守秘密，告诉了其他人，别人不了解情况，可能会误以为他的父母产生了很大矛盾。

往大了说，这是诚信问题。诚信是立身之本、事业之基。既然答应了朋友，就要做到守口如瓶，这也是对朋友最大的尊重和爱护。如果不能做到，就在对方说出秘密之前，拒绝对方。

情景式提升

何为诚信？

诚信，最简单的理解就是我答应的事情我一定能做到，不能做到的事情我也不答应。

比如，我从小伙伴那里借了一套水彩笔，说周三还给他，但是我周三忘记了，拖到周五才还给他，那下次他还会痛痛快快地借给我吗？这就是诚信出了问题。所以不要觉得这是小事就随便糊弄。

何为隐私？

隐私就是我所有不愿意让别人知道的事情，如家庭条件、父母的工作情况、家里有几口人……这些事情在必要的情况（如入学时必须填写的资料）下，我只能告诉指定的人（如老师等），而不是随意告诉别人。在很多小孩眼中，日记、手账是记录自己心事的，那也是隐私，完全可以要求别人不能随便翻看。

小朋友们，你们理解了吗？

上课听讲不起哄——学会遵守课堂秩序

古籍中有大学问

《孟子·离娄章句上》："不以规矩，不能成方圆。"

意思是说，不用圆规和角尺，就不能正确地画出方形和圆形。比喻做事必须遵照规则，符合标准，否则必不能成功。

人之初，性本善……

古时候，在学堂上，先生讲课时，学生们要保持安静，教室里只能有琅琅的读书声，不能哄笑，不能哗众取宠，否则就是不尊敬师长，是需要受到惩戒的。

在现如今，学校很少对学生做出惩戒，但如果在课堂上起哄，扰乱课堂秩序，老师也会用各种方法让学生改正错误。若要避免这种情况的发生，就要让学生发自内心地尊重老师、尊重课堂、尊重来之不易的求学的机会。

礼仪小·剧场

小涛是一个特别喜欢起哄、凑热闹的孩子。原来他的任课老师经验丰富，对这种喜欢在课堂上调皮捣蛋的学生有非常丰富的应对经验。但在小涛上四年级的时候，来了一位年轻的王老师，负责教英语。王老师刚毕业不久，虽然教学方式灵活多样，能够带动学生的学习动力，但她对像小涛这样的学生几乎没有任何办法。

有一天，又是英语课，王老师播放了一段英文对话的视频，是电影《疯狂动物城》里朱迪和小伙伴们交谈，以及朱迪的父母劝朱迪种植胡萝卜的片段。王老师的本意是想借这两个片段来讲述今天的口语表达的要点。

小涛很早就和父母看过这部电影了，也知道电影里最出名的就是慢吞吞的树懒闪电给朱迪查询车牌号资料的片段。于是，他和同桌便开始小声说"闪电"，然后课堂上就出现了一阵哄笑声。之后，小涛便扮演朱迪，急切地找"闪电"查资料，同桌则扮演"闪电"说话，拖着长腔。他们的声音不大不小，他们的表演吸引了旁边同学们的注意力。

王老师暂停了视频，问他们两个在做什么。小涛却理直气壮地说：

"老师，您看没看过这部电影啊，这部电影里最有名的是树懒闪电啊！您应该选择那个片段……"说着，还模仿起了"闪电"查资料的动作。

年轻的王老师哪里见过这种调皮捣蛋的学生，便合上笔记本电脑，说了句"你们先上自习"，便走了出去。

小涛这才意识到王老师是真的生气了，生怕她去找班主任，连忙追了出去。只见王老师站在走廊拐角处，不断地做深呼吸。小涛慢慢走过去，向老师道歉，并恳求老师不要找班主任告状。

王老师告诉他，自己不会去找班主任告状，但要对他这种行为进行严厉的批评，作为老师，选择哪个电影片段是为了更好地引入这一堂课的重点，而不是随意挑选。在课上胡乱起哄是非常不尊重老师的行为。小涛明白了王老师的用意之后，更诚恳地向老师道了歉，并保证今后一定遵守课堂秩序。

礼仪小·课堂

对于学生而言，课堂应该是神圣和严肃的，因为这里是每个人求学的重要场所。除了自己之外，在课堂上，还有很多其他同学，他们都在用心地上课。如果自己捣乱，打断了老师的讲课思路，不仅会影响老师，还会耽误其他同学的时间。

如果是在自习课上，其他同学都在安静地做习题，自己却制造噪声，这也是不合适的。就好比在很多标志"保持安静"的场所内，发出噪声会引发别人不满。如果持续发出噪声，别人有权利要求你离开。

如何做到保持课堂秩序呢？最重要的一点就是搞清楚自己来学校是做什么的。学生的第一要务是努力学习，在最好的年华里充分学习，掌握更多的知识和技能。有了目标之后，自然就知道什么能做，什么不能做了。

情景式提升

在课堂上是不是必须不苟言笑呢？其实不然，最重要的是跟随老师的引导去思考。

比如，有的老师采取的是轻松的教学方式，会引用电影片段、经典文学或者其他各种段子来激发学生的学习兴趣。这时候，学生会全情投入，看到好笑的地方自然可以笑。有的老师会经常提问，然后用轻松幽默的语言讲解，有时候甚至可以师生一起笑。这时候，笑也好，说话也好，都是老师意料之中的反应。

但如果老师正讲课，自己想到了什么就马上说了出来，自然就会打断老师的讲课思路，打断其他同学思考的步骤，这就是扰乱课堂秩序了。

所以，在课堂上，老师讲课，我们听课，老师讲得幽默，我们就完全可以笑。但需要注意的是，在自习课上，就需要保持安静，即便我们已经完成了自己的习题，也可以预习下节课的内容，或者做其他科目的作业，而不是找同学聊天。

动用暴力不可取——拳头并不能解决问题

古籍中有大学问

> 李白《赠新平少年》："韩信在淮阴，少年相欺凌。屈体若无骨，壮心有所凭。一遭龙颜君，啸咤从此兴。千金答漂母，万古共嗟称。"

这几句诗意思是，当年韩信还没有参加起义军之时，由于贫穷，他总是被那些无赖少年欺负凌辱。他委曲求全，看似没有骨气，其实胸怀雄心壮志，不屑于与他们争斗。后来，他因为跟随刘邦而当了大将军，成为叱咤风云的杰出人物。他给帮助过自己的漂母很多银两，也从未找当年欺负自己的人的麻烦，因此获得了美名。

> 司马迁《史记》："恃德者昌，恃力者亡。"

意思是，有道德的人昌盛，依靠暴力的人必将走向灭亡。

在古代，用暴力欺压他人本身就是一件非常令人不齿的事情，无论这么做的是平民百姓，还是帝王将相，都会留下一片骂名。

礼仪小剧场

鑫鑫从小就被爸爸送到跆拳道学习班，目的其实很简单，就是希望孩子能够多锻炼，身体素质好一点。结果，鑫鑫特别喜欢跆拳道，还说要练成武林高手。孩子有兴趣，父母肯定会支持。但是，事情的发展却超出了他们的想象。

鑫鑫练好跆拳道后，每次和小朋友们一起玩耍的时候，都特别愿意给他们展示自己新学的招式。小朋友们纷纷叫好，觉得鑫鑫特别厉害，像武侠电视剧里的大侠一样。时间久了，鑫鑫也有了这种想法，认为自己长大后一定会成为路见不平、拔刀相助的侠客。

为了当侠客，鑫鑫经常会找不熟悉的同龄人"切磋武艺"。渐渐地，鑫鑫开始变了，遇到任何问题，他都要和人家比试一番，还美其名曰"华山论剑"。这种行为让整个小区里的小伙伴都逐渐疏远他，生怕被他拉着练跆拳道，毕竟很多小孩都没有学过跆拳道。

就这样，上学之后，鑫鑫这种"尚武"的精神就愈发强烈了，不仅要和同班同学练两下，还时不时地去找高年级同学"比武"。原本老师也没太放在心上，毕竟男孩子玩玩闹闹是很正常的。班主任还特意叮嘱他，不能以大欺小，更不能欺负比自己弱小的同学。鑫鑫自认为是侠客，当然不会做这种事情，拍着胸脯向班主任保证。

有一天，一个高年级男同学来到鑫鑫班里，说鑫鑫班的小天欺负了自己的妹妹。小天说自己没有，是上体育课的时候不小心撞到了他的妹妹，

我们的手，不是用来打人的，脚也不是用来踢人的，嘴巴更不能用来骂人。我们的身体，不是攻击别人的武器。

自己也道歉了。但是高年级同学不依不饶，非要讨个说法。鑫鑫站出来主持公道。还没说两句，竟然和高年级同学扭打起来。

鑫鑫毕竟学过跆拳道，身体比较灵活，而高年级同学仗着自己身高体壮，一时间竟然难分胜负。就在这时，班主任听到消息赶了过来，及时制止了两个人。询问了事情的原委后，班主任批评了鑫鑫，认为他不该莽撞行事。但鑫鑫坚持说自己是在打抱不平，是侠义之举。班主任哭笑不得，便向鑫鑫解释说，与高年级同学发生争执时，可以选择通过理性的论述来表达自己的观点，也可以寻求第三方（老师等）来评理。然而，一旦动了手，不论谁占理，都会变得不占理。这样的行为不仅不能解决问题，还会加剧矛盾和伤害他人。

听完老师的话后，鑫鑫陷入了沉思……

礼仪小·课堂

对我们而言，暴力不能从根本上解决问题。很多事情原本很小，但因为双方不冷静，选择用拳头解决，最终矛盾反而被激化了。情节轻微的，被学校处分；情节严重的，给别人造成了身体上的伤害，酿成了悲剧，那就真的是无法挽回了。

曾经有人说，在很多时候，暴力是无能者才会选择的解决方式。聪明的人会选择其他更好的方式去解决问题。比如，针对矛盾的根源进行坦诚的沟通。两个人之间发展到用拳头决胜负，一定是有真正的矛盾，但不管是面子问题，还是竞争问题，都可以坐下来好好说。

再者，自己无法解决矛盾，还可以找第三方帮自己评理，比如老师、班长，甚至是双方家长，坐下来好好沟通。

我们需要记住的一点是，暴力不解决任何问题，只会不断激化矛盾，让原本一件小事变成无法挽回的大事。

情景式提升

在现如今的社会里，我们的确需要见义勇为，需要侠义心肠，但不是不问是非曲直就盲目采用暴力。

见义勇为，并不是一时头脑发热就不管不顾往上冲，而是要在确保自身安全的情况下，及时报警，让警察来解决问题。比如看到歹徒威胁同学，不要不顾一切地冲上去阻止，要寻求老师或家长的帮助。你也可以不动声色地离开现场，然后拨打"110"，请警察前来处理。

侠义心肠是在自己的能力范围内，给予别人一定的帮助。要知道，我们的生命也是十分宝贵的。

第六章

来而有往

小朋友们，今天我们的课堂主题是来而有往。

有来有往才叫交往，我敬你一尺，你敬我一丈，人际关系就是如此。

拜访之前要约定，无约定，不前往。

去朋友家拜访，应提前约定时间，确定对方方便才能出行。

准时，是最基本的美德。

约定时间不迟到、不爽约，如果遇到意外，要及时与对方沟通。

送礼物，讲心意，礼轻情意重。

馈赠礼物和收到礼物，都不能用金钱来衡量，友情价更高。

敲门声音不要吵，留出开门时间来。

敲门不能"咣咣"敲，要遵循"一——二三"的节奏，给主人留出反应的时间。

他人物品勿乱翻，他人隐私要尊重。

没有得到别人的同意，不能随便乱翻，包括别人家里的东西。

串门要提前约定——遵守对方的时间安排

《童规》："人未请，莫自闯。"

这句话的意思是，没有收到别人的邀请，不要随随便便上门。

在古代，人们的沟通方式非常缓慢，如果不是每天见面的话，常常通过书信的方式进行沟通。比如，一位文人到达一个地方，听说那里有一位很有才华的人，想去拜访，不能直接去，而是要先下拜帖，就是表达"我

想去你家做客"的信，让书童给对方家里送去。对方看到后，会写一封"回帖"，写明某年某月某日，请对方来家里做客。直到这时，文人才能前去拜访。

这套礼节非常烦琐，但避免了去人家做客，但家中无人的尴尬，也流传出了很多诗作。

礼仪小·剧场

小磊有点任性，父母对他也比较溺爱，平时犯点小错误，也都不会过分指责他。他有个坏习惯，去亲友家做客从来不打招呼，如今天想去姑姑家了，就直接去了，也不管姑姑是不是有空接待。妈妈曾经跟他说过，去别人家要提前约定，最好在前一天打个电话，但爸爸却不以为意，觉得都是亲戚，是不会介意的。结果自然是不了了之。

小磊有一个从小就认识的小伙伴小强。双方的父亲是老朋友，两个孩子又是同岁，经常一起玩，所以两家关系非常好，平时也经常聚会。两家虽然都住在一个城区，但中间相距十几千米，路途还是比较远的。

暑假的某一天，小磊买到了期待已久的游戏机，就想着和小强分享。于是，他直接拿着游戏机就去了小强家。等他到了小强家后，却发现他家里没有人。他觉得非常沮丧，就给小强打电话，问他现在在哪里，说自己买的游戏机到了，现在正在他家门口。小强却说他在爷爷奶奶家呢，根本回不去。小磊有些不高兴，小强只好让他先回家，还说明天去找他。没有办法的小磊，只好垂头丧气地回了家。

第二天，小磊忘记了和小强的约定，和班上的同学去博物馆看展览了，直到小强给小磊打电话，小磊才想起来。小磊不好意思地让小强先回家了。

就因为这样一件小事，小磊和小强之间却产生了隔阂，两个人谁都不

再主动找谁玩。后来，小磊爸爸询问小磊到底发生了什么事，小磊才把这件事情说了出来。

爸爸听完后，便教导他："小强是朋友，他和家里的亲戚不一样，你要去他家找他玩，是不是得提前和对方打好招呼，问问人家是不是方便接待？"

小磊反驳道："第二天他来找我也没有提前约时间啊！"

爸爸说："可是他提前和你说过他会来啊，你是不是应该在家里等他呢？明明是你自己忘记了约定，怎么还强词夺理呢？"

小磊这才意识到问题的严重性，便主动给小强打电话承认了自己的错误。

礼仪小·课堂

家是每个人最安全、最隐秘的地方，所以想要去对方家中做客，要事先征求对方的同意，若对方表示方便接待方可前去。如果是去同学家，也应该让同学征求父母的同意。

一般来说，关系特别亲近的亲戚（爷爷奶奶、外公外婆等），在去之前不用特别客套，打个电话说"爷爷我想您了，我去家里看您"就可以了，只要没有别的事情，爷爷奶奶会非常欢迎孙子孙女的到来。关系稍微疏远一点的（叔叔、姑姑、小姨、舅舅等），去之前可以让父母帮忙打电话沟通具体时间，确认对方是否有空接待你。距离稍微近一点的朋友和同学，可以自己打电话询问对方是否方便，再决定是否前往；距离稍微远一点的朋友和同学，不宜直接登门，而是应该与其约在中间位置，由其直接带你回家。

情景式提升

当我们和同学或朋友表达想去对方家里拜访的愿望的时候，一定要读懂对方的言外之意。

有很多时候，朋友之间并不是真的有话直说，有很多事情对方不太好意思说出口，作为朋友，我们应该更理解对方，领会对方的真实意思。

比如，我买了一个新的游戏机，想和对方一起玩，便提议周末带游戏机去他家。如果对方很愿意，就会欢天喜地，特别痛快；如果对方顾左右而言他，说父母不喜欢自己玩游戏，或家里不太方便等理由，不直接说明让不让你去，多半是家里不方便接待别人，可以直接提议让朋友来自己家玩。

我们要搞清楚去别人家里拜访的真正意图是为了增进彼此之间的感情，如果对方不方便，我们却强行前往，就和目的背道而驰了。

按时到达很重要——准时永远是最高礼节

古籍中有大学问

> 《战国策·魏一》："吾与虞人期猎，虽乐，岂可不一会期哉！"

魏文侯和虞人（掌管山泽的官）约定日期去打猎。到了这一天，魏文侯与侍从们喝酒正在兴头上，天又下着大雨。文侯将要出行，身边的人说："今天酒喝得高兴，天又下雨，您准备到哪里去呢？"文侯说："我和虞人约定了打猎的日期，虽然喝得高兴，但已经约好的事情怎么能不按时赴约呢！"于是动身前往，亲自告诉虞人因雨停止打猎的事。

在古代，人们是非常重视约定的，尤其是这种见面的约定。这在很多影视作品中也有所表现，如两位大侠约定多久

> 都什么时辰了，怎么还不到啊？

之后一同论剑，届时无论发生了什么，都会赴约。

放到现代，人们的通信设备越来越发达，沟通也越来越方便，但准时到达仍然是一项最基本的礼仪。

礼仪小·剧场

莎莎家附近有一个图书馆，里面设有借阅室、自习室等场所，只需要办理一张借阅卡，就能够随意借阅图书，也能够去自习室里做作业。莎莎一个人去，她的妈妈不放心，后来莎莎就和住在附近的班长约好，暑假时每天早上九点半在图书馆门口见面，然后一起去自习室看书、做作业，中午回家吃饭，下午两点再见面，继续学习。

第一周，莎莎还很能坚持，在图书馆里，上午做作业，下午看看小说。但是到了第二周，莎莎就开始犯懒了，常常晚几分钟，到后来甚至会晚十几分钟。

莎莎迟到了，每次都跟班长说着"对不起，起晚了"之类的话，班长并没有多说什么，还是在图书馆门口等她。但后来，班长就直接进自习室，给莎莎占好位子，让莎莎来了，就直接去自习室找她。

有一天，莎莎没听到闹钟，等她睁眼一看，已经十点半了。她连忙掏出手机给班长发信息，一边道歉一边说自己马上赶过去。班长回复她说，不用着急，好好吃饭，下午再来也一样。莎莎一听觉得也有道理。下午两点，莎莎特意提前五分钟到了图书馆门口，等班长来了之后，她再次和班长道歉。

班长却说："你不用和我道歉，但我觉得应该提醒你一下，如果你起不来，完全可以利用下午和晚上的时间学习，不用特意早起。这段时间，你每天都迟到，我从等你一起进去到先进去帮你占座，其实也觉得很

别扭。"

莎莎觉得班长是在责怪自己，便问："为什么啊？是我让你觉得别扭了吗？"

班长摇了摇头说："自习室是公共资源，我给你占座，其他同学来了之后，总要过来问我一句，旁边有人吗，我就得回复人家有人。自习室空着还好，其他同学还能再去找位子，但如果没有空位了，他们看我的眼神让我觉得很难受。"

晚上回到家，莎莎和妈妈说了这件事。妈妈批评了她，并且告诉她，守时是一个人的基本素质，是尊重他人的表现，她这段时间不守时，给班长添了麻烦。于是，莎莎根据自己的情况，接受了班长的建议，每天下午和班长在自习室学习，晚上回到家里阅读。

礼仪小·课堂

和别人约定去往某地，不管是去家里拜会，还是一起出门游玩，在某个场景门口见面，我们都需要明确几个要素。

首先是时间问题。如果觉得约定时间过早，一定要在商量的时候就提出来，不要定好之后再来回改。如果担心路上堵车，可以提前十分钟出门，即便是早到了，也可以等待。宁可早到不能迟到。

其次是地点问题。一定要说清楚在哪里，哪个门，那里有什么标志性的特征。比如去西单图书大厦，不能光说门口见，那里范围太大了，人又多，很有可能看不到对方。可以说，在西单图书大厦门口的雕像处见面。有时候，两个人明明都是准时到达的，但因为地点没有说明白，白等了很久，都以为对方迟到了。

最后是确定需要带什么。如果是两个人一起出门游玩，可以询问对方有没有什么东西需要你帮忙带。

问清楚以上这些问题，就可以放心出门了。

情景式提升

与朋友约好时间后共同出门游玩，还需要注意什么呢？

两个好朋友一起外出是一件非常开心的事情，但很多细节如果做不到位，很有可能会使两个人产生隔阂。

最核心的一点就是要注重对方的感受。脱离了学校这个熟悉的环境，有可能会遇到各种各样的问题。比如，原本对方在学校里不挑食，但是在外面吃饭特别挑食。很有可能是在学校里，对方不得不强迫自己，但在外面有了选择余地后，就想吃得更合心意。

另外，注意要坦率沟通。外出游玩本身是为了让双方都开心，而不是委屈自己来让对方开心。如果遇到让自己觉得不高兴的事情，不要带着情绪，而是要和对方说清楚。比如，对方想去登高，但自己有恐高症，犯不上为了陪朋友勉强自己，可以坦率地和对方说明白，如果对方坚持，自己可以在下面等待。

送礼也要很恰当——用心的礼物才是心意

古籍中有大学问

> 宋朝李之仪《临江仙》："寄言俗客莫相嘲。物轻人意重，千里赠鹅毛。"

李之仪寄语世俗之人不要相互嘲笑。礼物虽轻，但人的情意却很深厚。千里送一根鹅毛也有深意。

在古代，送礼是很有讲究的。文人墨客之间，赠送的常不是有形之物，而是诗作。比如，刘禹锡给白居易赠诗："今日听君歌一曲，暂凭杯酒长精神。"李白给汪伦赠诗："桃花潭水深千尺，不及汪伦送我情。"这些诗作本身就是礼物了。

到了现代，送礼的讲究就更多了，也需要了解一番。

礼仪小剧场

　　小倩和小雪是一对关系特别要好的同学，两个人在学校里坐前后桌，放学回家总是要结伴走。

　　小倩的生日马上就要到了，小雪想给好朋友送一份最好的生日礼物。她想了很久，也在各大网络购物平台上来回搜索，还总是变着法地试探小倩想要什么。小倩自然是听出了小雪的言外之意，连忙说，自己什么都不要。

　　小倩特别懂事，知道赚钱是件非常辛苦的事情，不愿意让好友乱花钱，也担心不知道该怎么回礼。

　　到了小倩生日那一天，小雪郑重地交给小倩一个包装精美的礼盒。周围的同学都迫不及待地让小倩拆礼物。小倩打开一看，是一款哈利·波特的联名定制蓝牙耳机。小雪说："不知道该送你什么，但想到你平时会练习听力，耳机肯定是有用的。正好你喜欢看《哈利·波特》，我就想，这不就是给你准备的。"小倩连忙道谢，也十分喜欢这份礼物。

　　转眼间，小雪的生日就要到了，小倩自然也要给小雪准备生日礼物。然而，她攒下的零用钱并不多，买耳机肯定是不够的，所以她就买来戳戳乐的手工原材料。小雪特别喜欢熊猫，尤其是喜欢网红大熊猫花花和萌兰。于是，小倩就做了两个熊猫钥匙扣。

　　小雪生日那天，小倩把生日礼物送给她。同学们也让小雪拆礼物。打开盒子后，小雪开心不已，不停地夸赞小倩手巧，花花和萌兰做得真像真的啊！有的同学却说，小雪送给小倩一副很贵的联名定制蓝牙耳机，换来了两个不值钱的钥匙扣。

　　小倩听到同学的话，很伤心。小雪却大声说："千金难买心头好，我就是喜欢花花和萌兰，早就想要专属的钥匙扣了。再说了，我送小倩联名

我很喜欢，谢谢你。这是最好的礼物。

这么寒酸吗？还不如不送呢。

定制蓝牙耳机，是因为她喜欢、她需要。小倩送我礼物，也是因为我喜欢、我需要。这才叫好朋友呢！"

听到小雪的这番话，小倩很感动。其他同学离开后，小雪再次和小倩说："他们的话别放在心上。妈妈在我很小的时候就告诉过我，送礼物是讲心意的，你的心意我收到了，不愧是我最好的朋友。"

原本还很担心的小倩终于放心了，两个好朋友的关系也更加亲密了。

礼仪小·课堂

礼物的最大价值不在于它的价格，而在于它所代表的情感。当朋友和同学选择用一件特定的物品作为礼物送给你时，这个礼物有着特殊的意义。

朋友送给自己的礼物，可能并不是很贵重，甚至可能不符合我们的实际需求。但它代表了朋友间的情谊和关爱。因此，当我们收到礼物后，应该以感激和开心的态度接受。收到礼物后，也要在合适的时间给对方回礼。这就叫礼尚往来。

给对方选择礼物，同样是论情不论价值。我们把对方放在心上，并不是要靠礼物的贵贱来展示，而是在于平常交往的点点滴滴，通过细节让对方感受到自己的真心实意。礼物只是情感的体现，却不是绑架情感的工具。记住这一点就好。

情景式提升

如何给朋友挑选礼物呢？其中有很多讲究。

首先，要根据自己的经济条件。如果自己的零花钱较少，不要打肿脸充胖子，完全可以自制礼物。

其次，是根据对方的喜好。两个人做了很长时间的好朋友，对方喜欢什么不喜欢什么，自己都是清楚的，对方想要什么不想要什么，自己也知道。所以在这个范围内挑选就好。

最后，要用心对待。礼物可能并不值钱，但我们要精心包装好，而不是随便应付了事。

除此之外，还需要注意几点：如果是给对方的生日礼物，一定要在当天给，如果当天不上课，一定要提前给，而不能错后；如果是给对方还礼，在经济条件允许的情况下，还的礼物应该比对方的贵重一点儿，如果经济条件不允许，也一定要说明白，避免发生误会；送礼物不能拖，也不能合并，比如对方的生日和春节特别近，在对方也给你准备了春节礼物的时候，不能将给对方的生日礼物和春节礼物合并成一个，这是很不礼貌的。

叩门声响有讲究——让对方有反应的时间

古籍中有大学问

《童规》："访亲友，轻敲门。"

意思是，我们拜访亲友时，敲门声一定要轻。

白居易的《纳粟》中有一句"有吏夜叩门，高声催纳粟"，这就是敲门的反面例子。官吏催粮并不在意时间和方式，所以才会在夜里敲门，边敲边大声喊。这是极度无礼的。

> 谁啊？

> 我是陈老的儿子，有事相求，请开门一叙。

古人非常讲究礼数，敲门包括声响、节奏、应答都有一定的要求和规矩，如果不遵循，会被视作无礼。尽管现代有了门铃，我们在敲门的时候也应该遵循古代传下来的礼数，先按一下，再按两下，给对方反应的时间，也不要打扰到周围的邻居。

礼仪小剧场

小唐是个活泼好动的小男孩，平日在小区里，也有很多小伙伴愿意和他一起玩耍。一些家长认为小唐是一个特别乐观的小天使，而另一些家长则认为他是一个调皮的孩子。

每天下午，小唐都会去小伙伴的家里找他们一起玩。每次去的时候，他总是非常用力地敲门，发出"咚咚"的声响，喊着："×××，快开门啊，我是小唐！"如果对方的家长是个老爷爷或老奶奶，通常都不会说什么，因为他们的听力可能有所衰退，而且他们的包容度也比较高。但如果对方的家长是年轻的爸爸妈妈，小唐的做法自然会给他们留下不好的印象。

有一次，小唐的做法引起了大家的反感。小丁的奶奶心脏有些不舒服，正好小唐去找小丁玩。突如其来的"咚咚咚"的声响，把老奶奶吓了一跳，小丁给小唐开了门，一扭头就看见奶奶脸色苍白地坐在沙发上，一个劲儿地捂着胸口。幸好家里的保姆阿姨立刻拿出药来给奶奶服下，并且向小丁的父母说明了情况。

小唐的父母听了后，少不了要道歉。回到家，爸爸把小唐叫过来，问他平时去别人家是不是也这么敲门。小唐惹了祸，心里也正在懊悔，便主动承认了错误。爸爸说，敲门是为了让这家人知道来客人了，你"咚咚咚"地敲门，制造了很大的噪声，是对主人的不尊重。

别敲了，别敲了，听见了。

小唐疑惑了，就问父亲："那应该怎么敲门呢？敲门不就是使劲敲几下吗？"

爸爸告诉他，敲门要先敲一下，再敲两下，然后就停下来，听听门后有没有动静，如果主人已经听到来人了，就会开口询问是谁，就不用再继续敲门了。如果主人没听到，再敲一遍，仍然只敲三下。敲门的声响也不用特别大。如果对方是门铃，也是如此，先按一下，再按两下，等待主人的回复。这样做，既给主人留了反应时间，也能展现出客人的素质。小唐点了点头，表示自己明白了。

礼仪小·课堂

不管是敲门，还是按门铃，都有一些门道。特别急切、连续的敲门声，是表达有重大紧急的事情发生，会引起屋主人的紧张和不安，所以到朋友家拜访敲门时，千万不要重重地连续敲很多下，这是一种忌讳。

在敲门时应该先观察一下，看看是否有门铃，如果有就按门铃，没有再敲门。如果对方安装了门铃，我们没有看到，直接敲门，对方很有可能会以为是别人家的敲门声。

除此之外，不能用脚踢门，这是一种非常失礼的举动。如果我们的双手都拎着东西，可以把东西先放在地上再敲门，决不能图一时省事，用脚踢门。用脚踢门的声音和用手敲门的声音区别很大。

情景式提升

如果自己是主人，别人来家里做客，敲门时，我们应该如何做呢？

首先，当我们听到敲门声时，即便我们在里屋，也应该先高声回应，比如，说一句"来了""稍等啊"，表示自己听到了，让门外的人不要着急，家里有人。

其次，不要着急开门，先问清对方是谁。如果是熟悉的人，比如是亲戚朋友，可以透过猫眼看一下，是不是对方，确定后再开门。如果是不熟悉的人，比如快递员，如果家里只有自己，可以让对方把东西放在门口。如果是邻居，可以先询问对方有什么事。如果不确定安全，可以请对方等家里有大人的时候再来，而不是自行开门。

小朋友们，你们知道该怎么做了吗？

不乱翻他人东西——每个人都有自己的隐私

古籍中有大学问

《童规》："他人物，不乱翻。"

这句话的意思是，别人的东西，在没有得到允许的情况下不能乱翻。

孔子："己所不欲，勿施于人。"

劳烦兄台引路。

来，我近来得了一本书，与我去瞧瞧。

意思是说，自己不想要的或不愿意的，就不要强加给别人。每个人都有自己的隐私和不愿拿出来与别人分享的物品。你愿意别人尊重你的隐私，你同样也要尊重别人的隐私。

在古代，人们去别人家里做客，一般都只

会停留在客厅，而不会随便进入卧室，就连书房，也必须由主人带着，才能进入。如果主人不允许，客人是不能随便进去的，就更不用说随便翻别人的东西了。

礼仪小·剧场

　　叶子在班里是一个特别活跃的小女孩。每到课间，她总是充满活力地在班里来回穿梭，与其他同学们互动，给紧张的学习生活带来了许多乐趣。但是，她有一个缺点，就是在没有征求其他同学同意的情况下就随便动他们的东西。同学们虽然对她有点小意见，但都想着彼此之间太熟悉了，也没有过多计较。

　　这一天，班里来了一名新同学，听说是从别的学校转过来的学霸。叶子作为班里最活跃的女生，老师就把新同学安排在了她的身边，希望叶子能够好好带新同学熟悉学校和班集体。

　　下课后，叶子就和新同学聊了起来，还热心地拿出自己的零食和新同学分享。然而，叶子的老毛病又犯了，她没有征得新同学的同意，随手翻了一下对方的书包。新同学非常不乐意，想要阻止叶子的举动，没想到，书包直接掉到了地上，里面的东西也散落一地。

　　叶子觉得很不好意思，连忙向新同学道歉。叶子的好朋友也忙着打圆场，说叶子就是这个臭毛病，没有恶意。新同学没有说什么，只是说了一句"没关系"就开始默默地收拾东西。叶子见状，也赶紧蹲下帮忙收拾。

　　放学后，叶子把这件事告诉了妈妈。妈妈告诉她，不管关系多亲密，每个人都有不愿意让别人知道的小秘密，也有不愿意和别人分享的心事，你这样随便翻别人的东西，会让人感觉很不被尊重。叶子也知道自己做错了，平时和同学们关系太好，别人包容了自己的缺点，所以一直没有改

正，这一次，她是真的下定决心要改正错误，弥补伤害。

第二天，叶子装了很多课外书，还带了双份的零食和水果，不仅向新同学郑重道歉，还和对方约定，要共同进步，如果自己有不懂的问题，新同学学习那么好，一定不能拒绝自己的提问。新同学刚开始还不太愿意接受，但在叶子乐观活跃的影响下，慢慢地也把叶子当成好朋友了。

礼仪小·课堂

两个人的关系再亲密、再友好，也不是无话不谈，相互之间都要保持一定的界限，让自己不越界。这不仅是保护自己的方式，也是呵护这段友谊的秘籍。

我们可以换位思考一下，如果你有一个隐瞒所有人的秘密，或者说是隐私，不管是家庭方面的，还是交友方面的，你只把这个秘密写进了日记里。结果，被好朋友翻出来了，他没有征得你的同意就偷看了你的日记，知道了你的真实想法。你能接受吗？还会把他当成最好的朋友吗？会不会觉得被他冒犯了？

本书中写了很多案例，但并不能照顾到所有方面，想要知道自己的行为是否合乎礼仪，用换位思考的方式就可以了解一二。想想看，如果这件事发生在自己身上，自己是不是能够接受，有没有觉得被冒犯。如果不能接受，觉得自己被冒犯了，那这件事情就是错误的。

情景式提升

朋友之间的交往还有什么需要我们注意的呢？

想要维持一段友情，最重要的是想他所想，将心比心。如果对方遇到难题，我们就应该在力所能及的范围内提供帮助，而不要求回报。因为我们是朋友。

如果对方有烦恼，我们应该抽时间去聆听他们的心声，尽管我们可能也无能为力，但要让对方知道他并不孤单，我们会一直支持和鼓励他。

朋友之间，不要过于强调物质方面的事情。无论双方家庭条件如何，友情的价值不在于金钱或物质贡献的多少，而在于互相的支持和真诚的情感。

你说对不对？